ZEN | Blumenschule

ZEN | Blumenschule

Harumi Nishi
Fotos von James Mitchell

CHRISTIAN VERLAG

Dieses Buch ist meiner Mutter und meinem Vater gewidmet,
die mich immer geliebt haben.

Aus dem Englischen übersetzt von Dr. Eva Dempewolf
Redaktion und Herstellung: Annika Preyhs, Berlin
Umschlaggestaltung: Caroline Georgiadis, Daphne Design

Copyright © 2002 der deutschsprachigen Ausgabe
by Christian Verlag, München
www.christian-verlag.de

Die Originalausgabe mit dem Titel *Zen Flowers*
wurde erstmals 2001 im Verlag Aquamarine, einem Imprint von
Anness Publishing Limited, London, veröffentlicht.

Copyright © 2001 Anness Publishing Limited
Design: Lisa Tai
Fotos: James Mitchell, Norio Asai und Harumi Nishi
Stylistin: Juliana Leite-Goad

Druck und Bindung: Star Standard, Singapur
Printed in Singapore

Alle deutschsprachigen Rechte vorbehalten

ISBN 3-88472-516-5

INHALT

Vorwort

Der Zen-Buddhismus lehrt, dass Erleuchtung nur durch innere Erkenntnis erlangt werden kann. Diese Philosophie hat das spirituelle Leben, den Glauben und die Kultur des japanischen Volkes wesentlich beeinflusst. Zum Ausdruck gelangt dieses japanische Denken unter anderem in der Kunst des Blumenarrangements *(Ikebana)*, die ihrerseits in enger Verbindung mit Zen steht, da sich das Blumenstecken auf das Streben nach geistiger Beherrschung sowie deren Weiterentwicklung konzentriert. Doch meine Arbeit entspringt nicht dem japanischen Ikebana, sondern der westlichen Floristik, da ich diese Kunst hier im Abendland erlernt und mir zudem das Ziel gesetzt habe, den Geist des japanischen Zen mit kreativen westlichen Blumenarrangements zu verquicken. Ich versuche einen neuen Zugang zur Floristik zu finden, der gleichzeitig ein Gefühl von Ruhe und Kontemplation vermittelt.

Bei meinen Entwürfen für Blumenarrangements konzentriere ich mich darauf, tief aus meinem Inneren zu schöpfen; dies versetzt mich auf eine höhere Ebene, nimmt mir Beschränkungen ab. So erlange ich Frieden und Harmonie, meine Sinne erwachen und ich entdecke eine ganze Welt neuer Werte. Ich versuche diese Kräfte zu kanalisieren, damit sie sich selbst zum Ausdruck bringen. Und nie umfängt Zen mein Werk umfassender als in jener Kreativität, die aus dem tiefsten Inneren kommt. Zen in der Hektik unserer modernen Welt für sich zu entdecken, ist eine Herausforderung, weil es jeglicher Rationalität und allen Formen der Selbsterkenntnis, die man uns beigebracht hat, zuwiderläuft. Doch glückt die Entdeckung, ist sie von unglaublicher Kostbarkeit: Mit einem Mal erscheint die Welt als einheitliches Ganzes, wie eine unsterbliche Blume.

In diesem Buch möchte ich die vielen Facetten der Zen-Blumenkunst aufzeigen. Nicht allein die einfachen Aspekte der Zen-Entwürfe, sondern auch deren andere, komplexere Seiten. Der buddhistischen Lehre zufolge ist Meditation nicht der einzige Pfad zur Erleuchtung; wir müssen danach streben, sie im täglichen Leben zu erlangen, nicht nur bei der Erschaffung von Kunstwerken, sondern auch in so simplen und profanen Dingen und Tätigkeiten wie Kochen und Putzen. Eben diese Philosophie wende ich hier auf die Kunst des Blumenarrangements an.

Ich hoffe, die Lektüre dieses Buches ist der Entspannung förderlich. Solange ich daran schrieb, half mir der ständige Kontakt mit Pflanzen dabei, mehr über die Harmonie des Lebens und das Spektrum der Emotionen in Erfahrung zu bringen, die bei der Berührung mit Dingen geweckt werden, die dem Schoße der Natur entspringen. Durch genaue Beobachtung von Pflanzen und deren Wachstum lernt man die Schönheit der Blumen noch intensiver und vollständiger zu erkennen. Ich habe dieses Buch in der Hoffnung geschrieben, dass die Leser bei jeder Seite ein wenig mehr Ruhe finden, ihre weltlichen Sorgen und Sehnsüchte für einen Moment vergessen, und dass es Körper und Geist erfrische.

H. Nishi

ZEN
Eine Einführung

Zen ist die im Abendland vermutlich bekannteste und einflussreichste Form des Buddhismus. In der modernen westlichen Welt wird viel über politische, moralische und geistige Freiheit diskutiert. Vielleicht haben sich so viele Europäer und Amerikaner dem Zen-Buddhismus zugewandt, weil Zen es jedem Menschen ermöglicht, Individualität und persönliches Verständnis zu entwickeln. Auf der niedrigsten Ebene lehrt es uns, Verstand und rationales Denken loszulassen und frei genug zu werden, mit dem »Nicht-Bewusstsein« *(Mushin)* zu leben. Im Grunde dreht sich alles um Freiheit, Erleuchtung und Wahrheit.

KI-SHŌ-TEN-KETSU

Die Einführung zu diesem Buch basiert auf dem rhetorischen Prinzip des *Ki-Shō-Ten-Ketsu*, das die japanische Literatur durchdringt und auf eine mindestestens 900 Jahre alte chinesische Versform zurückgeht – einen Vierzeiler mit Kreuzreim. In Japan, China und Korea wird er auch bei anderen literarischen Formen verwendet, von Essays bis hin zu Zeitungsartikeln.

Eine Erklärung der Bedeutung der vier japanischen Wörter macht meine kurze Einführung in das Zen und seinen Einfluss auf meine Blumenarrangements vielleicht besser verständlich: *Ki* bedeutet »Einführung«, *Shō* bedeutet »Entwicklung«. Das Wort *Ten* heißt so viel wie »Wendung«, und zwar mit breitem interpretatorischem Spielraum. Unabhängig von der Interpretation jedoch muss Ten immer zu *Ketsu* führen, dem »Schluss«. Der erste Teil stellt also das Thema vor, das im zweiten weiterentwickelt wird. Der dritte Teil dann beschreibt ein neues Thema, das in keinem erkennbaren Zusammenhang mit dem ersten stehen muss, doch der Schluss führt die verschiedenen Komponenten zusammen und zeigt die These des Ganzen auf. Diese

klassische ostasiatische Literaturform verlangt dem Leser ab, Verbindungen zwischen den verschiedenen Aussagen herzustellen – so wie Zen Verbindungen knüpft zwischen dem Universum und allem, was sich in ihm befindet.

Mir ermöglicht diese Form, etwas über die Urspünge von Zen *(Ki)* zu sagen, über seinen Eingang in die japanische Kultur und die Entwicklung der buddhistischen Philosophie *(Shō)*, die Bedeutung des Blumenarrangements im Zen *(Ten)* und die praktische Anwendung all dieser Thesen im Alltagsleben *(Ketsu)*. Jeden dieser vier Schritte möchte ich mit zwei einfachen floralen Entwürfen illustrieren, weil ich mich am besten durch Blumen auszudrücken vermag. Die Arrangements sind meine persönliche Interpretation der einzelnen Strophen des Vierzeilers. Ich beginne mit einem Punkt, dem Symbol des »Ursprungs«, gehe weiter über das Quadrat, eine für mich unvollkommene Form, dann weiter über den Kreis, eine vollkommene Form, um schließlich zu einem leeren Raum innerhalb des Kreises zu gelangen.

Das restliche Buch ist in neun Kapitel unterteilt, gewidmet jeweils einem anderen Zugang zum Blumenarrangement. Jedes Kapitel steht unter einem bestimmten Motto: das Universum in *Mu*, Blumenbouquets in *Iki* oder Meditationshilfen in *Satori*. Ziel ist, Blumenarrangements zu zeigen, die zu einem gewissen Grad von Zen-Prinzipien geprägt sind. Hinzu kommen Kapitel über Zen-Gärten und Zen-Interieurs, die eine Vorstellung davon vermitteln, wie Zen die Gestaltung japanischer Gärten und Wohnräume sowie die Kunst des Blumenarrangements beeinflusst hat.

Die Lotosblume *(Nelumbo)* steht in enger Verbindung zum Zen-Buddhismus.

K I | Die Ursprünge des Zen

Der Überlieferung zufolge nahm der Zen-Buddhismus seinen Anfang, als der Mönch Shakyamuni Buddha unter einem Baume sitzend Erleuchtung erlangte. Anschließend sollte er vor anderen Mönchen eine Vorlesung halten, doch anstatt die üblichen Sätze vorzutragen, drehte er nur eine Blume in der Hand. Die meisten Mönche waren über diese einfache Geste verwundert, weil sie ihren Sinn nicht begreifen konnten. Nur ein einziger Mönch, Mahakashyapa, verstand, was Shakyamuni meinte: Die Blume unterschied sich nicht von dem Haus, in dem sie saßen, oder von der Erde selbst, sondern verkörperte diese. So wurde der Samen des Zen gestreut. Er wurzelte in Indien, trieb in China Knospen und gelangte schließlich in Japan zur Blüte. Hier vermischte er sich mit vielen Aspekten der japanischen Kultur und die beiden wurden eins.

Während der Kamakura-Periode (1185–1333) durchdrang die Zen-Ideologie die japanische Gesellschaft und gewann rasch an Bedeutung. Zu dieser Zeit, in der Kriege, Not und Elend das soziale Gefüge Japans zerrütteten, entwickelten sich vielerorts religiöse Denkweisen. Die Menschen suchten etwas, was ihnen die Schrecken des Alltags zu ertragen half. Der Zen-Topos der Unbeständigkeit (dargestellt in dem großen buddhistischen Werk der Epoche, der Geschichte der Familie Hei, der 1. Samurai-Familie Japans) sprach sie an, ebenso andere zentrale Themen des Zen – Bindungslosigkeit und Unbewegtheit.

Von der Zeit seiner Einführung an übte Zen ungeheuren Einfluss auf die japanische Kultur aus. Die ersten japanischen Zen-Meister versuchten, die Zen-Ideologie vollkommen rein und unverändert zu erhalten, so, wie sie sie von ihren eigenen Meistern in China erlernt hatten. Doch je mehr Zen mit der japanischen Kultur verschmolz, desto mehr ihrer Elemente nahm es in sich auf und erhielt so seine charakteristische japanische Prägung. Zen lehrte die Japaner erkennen, dass alle Dinge, selbst solche, die als das genaue Gegenteil erscheinen, in Wahrheit ein und dasselbe sind: Schönheit und Hässlichkeit etwa, laute Geräusche und verhaltenes Flüstern, leuchtend bunte Blumen und kahle Räume. Und Zen bestätigte die Japaner auch in ihrer angeborenen Wertschätzung von Schweigen, Stille, Ruhe und Frieden. In allen Dingen ist die leitende Kraft des Zen immer die Suche nach innerem Frieden inmitten der Unordnung und Wirrnis der äußeren Welt.

Ziel des Zen ist, dem Anhänger dabei zu helfen, die Erleuchtung zu erlangen, die Shakyamuni Buddha

VORHERGEHENDE SEITEN **Der wunderschöne Milchstern *(Ornithogalum arabicum)* symbolisiert den Ursprung von Zen: Er zeigt, wie aus einer einzigen Blüte oder Idee etwas sehr viel Größeres entstehen kann.**

UNTEN **Vase und Tischchen, beide rechteckig und transparent, treten dezent zurück hinter dem kühlen Grün der Nieswurz *(Helleborus)*, das Neubeginn und neues Leben repräsentiert.**

tief in seinem Inneren fand, als er 49 Tage lang unter einem Baum saß und nach der »inneren Wahrheit« suchte. Diese Suche nach der eigenen Wahrheit und Güte steht jedem offen. In der Alltagsroutine bleibt man häufig von Anspannung nicht verschont und ist nicht mehr in der Lage, von sich aus innere Ruhe zu finden. Ist dies der Fall, neigt man dazu, das Selbst aus den Augen zu verlieren, sich in einem Trugbild konstanten Wandels und äußeren Drucks zu verlieren. Indem man die Natur betrachtet und sich selbst als Teil davon sieht und begreift, kann man wahre Erholung finden, denn Zen umfängt einen überall. Eine einfache Blume ist ein perfektes Beispiel: Sie besitzt eine Ruhe, die man in sich aufnehmen kann.

Jeder Schöpfungsakt entstammt dem Inneren. In der Kunst bilden Pinsel, Farbe und Leinwand sowie Vasen und Blumen die Hilfsmittel des Malers. Die Kreativität jedoch kommt immer von innen, und wie jeder Künstler erschafft auch der Zen-Künstler in Augenblicken der Inspiration aus der Nicht-Existenz etwas Existentes. Für jemanden, der Zen praktiziert, können gewöhnliche Alltagshandlungen ebenso wie die Erschaffung von Kunstwerken zu einem Akt der Schöpfung werden. Der Zen-Künstler findet in diesem kreativen Prozess Schönheit und Befriedigung. Und so gewinnt jedes Ding im Universum Bedeutsamkeit.

RECHTS **Die Farbfrische dieser grünen und weißen Blüten auf einer Basis aus Bananenblättern verkörpert die Ursprünge des Zen.**

SHō | Das Wachstum des Zen

Shō

Einmal etabliert, durchdrang Zen jeden Aspekt japanischen Lebens. Es ist erstaunlich, wie rasch und vollständig dies der Zen-Ideologie gelang. Möglicherweise hing es damit zusammen, dass Zen schon in seiner einfachsten Form dem Menschen hilft, einen Schritt zurückzutreten und die Dinge aus einer neuen Perspektive zu sehen. Der Leitgedanke des Zen – inmitten der Unordung und Wirrnis der Außenwelt Ruhe und Seelenfrieden in seinem Inneren zu finden – traf schon damals den Nerv der Zeit, und derselbe Einfluss bleibt bis heute spürbar.

Schon frühe Zen-Mönche waren bemüht, die zentralen Gedanken des Zen auf ihr Alltagsdasein zu übertragen und wenn möglich in dieses zu integrieren. Der bedeutendste Schritt bestand wohl darin, dass sie anfingen, ihre Unterkünfte und Gärten dem Zen gemäß anzulegen. Die Zen-Konzepte Kontemplation und Ruhe verschmolzen mit der den Japanern eigenen Liebe zur Schlichtheit. Mit der Zeit führte dies zur Entwicklung der klassischen japanischen Haus- und Gartenarchitektur, beeinflusste aber auch die Gestaltung von Blumenarrangements und das Design so profaner Dinge wie Küchengeräte. Ein traditionelles japanisches Haus ist ausgesprochen sparsam ausgestattet, mit *Shoji*-Wandschirmen als Raumteiler, schlichten *Tatami*-Matten auf dem Fußboden und schmucklos-funktionalen Schiebetürschränken. Wie der klassische japanische Garten ist das japanische Haus multifunktional, auf das Wesentliche reduziert und bietet einen Ort der Ruhe und Harmonie im Einklang mit der Natur.

Auch bei der Entstehung einer der wichtigsten Formen japanischer Dichtkunst, des noch heute sehr populären *Haiku*, spielte der Zen-Budhismus eine bedeutende Rolle. Diese kurze und simple, dabei aber präzise Dichtform beschreibt Bilder und Impressionen, oft unter besonderer Berücksichtigung der Natur oder einer bestimmten Jahreszeit. Die Sätze müssen schlicht sein, ohne überflüssiges schmückendes Beiwerk, und eher die Vorstellung eines Bildes wachrufen als eine genaue Beschreibung davon liefern.

Die Grundbegriffe des Zen haben sämtliche Aspekte des japanischen Lebens durchdrungen. Wie aber können wir, Anfang des 21. Jahrhunderts und in der Hektik unseres Daseins gefangen, ähnliche Ruhe erlangen und unser wahres Selbst finden – unsere Zen-Erleuchtung?

Nicht zu Unrecht wurde gesagt, je angestrengter man versuche, Zen zu verstehen, desto mehr entziehe es sich. Zen widersetzt sich jeder Rationalität, jedem Versuch, es mit logischem Denkvermögen zu begreifen. Vielmehr erscheint es, sobald man sich von der Realität des Alltags zu lösen vermag, sie vorüberziehen lässt und nur den sanften Lufthauch wahrnimmt, der einen dabei streift.

Die Zen-Person bewegt sich weg vom Begrifflichen, hin zu der Wirklichkeit der Dinge, wie sie in ihrem Inneren existieren. Durch tägliche Erfahrung kann man die absolute Freiheit, die Erleuchtung erlangen, die jedem Menschen innewohnt. Dieses *Satori* gleicht einem Augenblick der Inspiration, der Verstehen und Kreativität mit sich bringt. Die frühen Zen-Mönche sahen dies und erkannten, dass Zen sich nicht mit Worten lehren lässt, sondern erfahren, erlebt werden muss in realen, konkreten Alltagssituationen, wo *Satori* von innen heraus wachsen kann.

Dergestalt ist die Bedeutung der Blume, die Shakyamuni Buddha vor so vielen Jahrhunderten schweigend seinen Schülern vorhielt: Zen liegt jenseits aller Erklärbarkeit; jeder Versuch, Zen in ein rationales Schema einzupassen oder eine Methode zu entwickeln, es erlernbar zu machen, ist von vornherein zum Scheitern verurteilt. Der einzige Weg zu Zen führt über das eigene Fühlen: es selbst zu erfahren und die Wahrnehmung der eigenen Vorstellungskraft zu wecken. Es ist der Unterschied zwischen denen, die den Pfad kennen, und jenen, die ihn tatsächlich beschreiten. Die Erfahrung kann letztlich nur individuell erfolgen. Meine Hoffnung ist, dass die Blumenarrangements in diesem Buch dabei helfen, einen eigenen Weg zum Zen zu finden.

TEN | Harmonie in der Natur

Ten Wie alle anderen Aspekte des Zen steht auch sein Verhältnis zur Natur ganz im Zeichen von Harmonie und gegenseitigem Verständnis. Diese Haltung resultiert aus der Achtung, die Zen allem Lebenden entgegenbringt. Sie war von Anfang an auf Wiederverwertbarkeit ausgerichtet, auf einen immer währenden Kreislauf von Materie und Energie.

Großer Respekt vor der Natur und Verantwortungsgefühl bezüglich des natürlichen Kreislaufs haben Zen von Anfang an begleitet. Zen-Gärten sind häufig Nachbildungen wesentlich größerer natürlicher Landschaften, von Gebirgen etwa oder besonders schönen Panoramen. Die Mönche, die die berühmten japanischen Zen-Tempelgärten der Muromachi-Zeit (1333–1568) anlegten, trugen sich beispielsweise mit dem Bild üppig-grüner, nebelschwadenumwobener Berge.

Als Teil des Kreislaufs der Natur stehen Zen-Anhänger in zweifacher Beziehung zur Natur: Hinsichtlich Nahrung und Rohstoffen sind sie einerseits von ihr abhängig, erkennen aber andererseits auch die Verantwortung an, die sie ihr gegenüber tragen. Soweit es im Rahmen unserer Möglichkeiten liegt, sollten wir alle immer das Wohl der Natur im Auge behalten und in ihrem Sinne handeln.

Blumen, die Teil der Natur sind, sind dem Zen-Buddhismus auf besondere Weise verbunden. So wie ein Zen-Schüler nach Erleuchtung strebt, können wir uns mit Blumen befassen und mit ihnen und durch sie neue Ausdrucksmöglichkeiten schaffen. Zen hat ganz wesentlichen Einfluss auf Ikebana genommen, die traditionelle japanische Kunst des Blumensteckens.

Die Schönheit von Pflanzen hat dazu beigetragen, Zivilisationen zur künstlerischen und kulturellen Blüte zu bringen. Blumen wurden zu vielerlei unterschiedlichen Zwecken eingesetzt – bei Zeremonien, als Dekoration und Geschenk –, während Kräuter von alters her in der Heilkunst Verwendung fanden. Heute nutzt man Blumen vorwiegend zur Verschönerung des Heims und bei besonderen Anlässen. Dabei vermögen sie so viel mehr, können sie doch unser körperliches und geistiges Wohlbefinden steigern. Einzeln oder in einem Strauß oder Gesteck sind Blumen Ausdruck von Vollkommenheit oder deuten diese zumindest an. Gleichzeitig aber sind sie Teil eines immer währenden Prozesses, sie durchlaufen verschiedene Entwicklungsstadien – Knospen, Blühen und schließlich Welken. Betrachtet man eine Einzelblume oder ein Arrangement, erhascht man immer nur eine Momentaufnahme, sieht ein Symbol natürlicher, aber flüchtiger Perfektion. Später schließt sich der Kreis: Sie kehren in

VORHERGEHENDE SEITEN **Die blauvioletten Blüten und grünen Blätter der Traubenhyazinthe *(Muscari)* lassen sich auf unterschiedlichste Weise zu faszinierenden Farb- und Strukturkontrasten komponieren. Hier wandelte sich ein unvollkommenes Quadrat zu einem vollkommenen Kreis.**

RECHTS **Die elementare Harmonie der Natur offenbart sich jedem, der diese wunderschöne Iris genauerer Betrachtung unterzieht.**

die Erde zurück, nähren und fördern die nächste Generation von Pflanzen.

Versucht man die Tätigkeit des Blumenarrangierens dazu zu nutzen, Entspannung zu finden und einen Blick in sein Inneres zu tun, so vermag Blumenkunst das Leben stressfreier zu machen und ihm tiefere Bedeutung zu verleihen. Gelingt es, die wichtigsten Zen-Prinzipien einzuhalten und in der Beschäftigung mit Schnittblumen Harmonie und Ruhe zu gewinnen, kann sie dazu beitragen, inneren Frieden herzustellen und wahre Kreativität zu wecken.

Ich persönlich bringe meine Gefühle durch Blumenarrangements zum Ausdruck, nicht durch Worte. Die Blumen sind meine Sprache, sie schenken mir Kraft und erquicken mich. Auch wenn ich mich nicht danach fühle, ein Arrangement zu komponieren, gewinne ich Stärke aus ihnen, indem ich sie einfach ansehe. Betrachtet man einmal eine Blume, die man gut kennt, wird man dennoch immer wieder etwas Neues an ihr entdecken. Dies ist die Macht des Zen: etwas zu erkennen, von dem man zuvor nichts wusste; etwas Neues und Unerwartetes zu entdecken, weil man nach innen anstatt nach außen geschaut hat.

Einer der wichtigsten Grundsätze von Zen lautet, alles, was man tut, mit Liebe zu tun. Und indem man Liebe und Sorgfalt in die Gestaltung eines Blumenarrangements einbringt, trägt man dazu bei, eine Atmosphäre der Muße und Kontemplation zu schaffen.

LINKS **Die filigrane Ausgewogenheit dieses Arrangements, bei dem Schmucklilien *(Agapanthus)* aus einem Hortensienbett *(Hydrangea)* erwachsen, illustriert die Harmonie in der Natur.**

KETSU | Leere

Ketsu

Ziel des Zen ist Erleuchtung oder *Satori*. Wer diese erlangt, hat es geschafft, sich von Äußerlichkeiten wie Intellekt und Sprache zu lösen. Auf den Verstand ist kein Verlass, da er kontinuierlichem Wandel unterliegt. Dinge werden erlernt und vergessen, Meinungen ändern sich. Anders als der Verstand bleibt der Nicht-Verstand stets gleich. Er ist ein äußerer Quell der Wahrheit. Das Erlangen von *Satori* gleicht einer Quelle geheimnisvoller Rätsel. Die Erfahrung lässt sich detailliert aufzeichnen, doch Erklärungen, worum es sich genau handelt, sind äußerst rar – obgleich japanische Zen-Meister bereitwilliger über ihre Erfahrungen Auskunft gaben als ihre eigenen chinesischen Meister. Vorlesungen japanischer Meister schlossen häufig hilfreiche Ratschläge für Schüler ein, die *Satori* noch nicht erreicht hatten.

Allgemein wird *Satori* als ein bewusstes leuchtendes, luzides Erlebnis beschrieben, bei dem der Erleuchtete erstmals die wahre Wirklichkeit erkennt. Der Zen-Meister Dogen (1200–1253) sah die Wahrheit während seiner Erleuchtung »wie eine schimmernde Perle« strahlen. Bei *Satori* wird der physische und geistige Körper abgelegt und der Zen-Anhänger ist endlich in der Lage, sich selbst so zu sehen, wie er wirklich ist – eins mit allem, was ihn umgibt, mit der Welt, sich selbst und Buddha. Immer wieder verwechseln Menschen *Satori* mit Augenblicken großer Freude oder der Ekstase; doch diese Gefühle schwinden wieder, während es sich bei *Satori* um einen bleibenden Zustand handelt.

Vor einigen Hundert Jahren kam es über die Frage, wie *Satori* zu erreichen sei, zur Spaltung in zwei Zen-Schulen. Der Rinzai- oder Kriegerschule zufolge ist *Satori* durch Meditation erfahrbar, bei der man sich auf

eine kurze Frage oder Aussage konzentriert. Diese Aussage ist vollkommen beliebig, wichtig ist nur, dass sich der Geist vollständig darauf konzentriert. Den entgegengesetzten Standpunkt vertritt die Sōtō-Schule, nach der man Erleuchtung ausschließlich durch disziplinierte Meditation über lange Zeiträume hinweg erreicht, binnen derer *Satori* ganz allmählich und schrittweise heraufzieht.

Unumstritten ist die Bedeutung von *Zazen*, dem – gewöhnlich stundenlangen – schweigenden Verharren in Meditation, um die *Mushin* genannte vollständige geistige Leere zu erzielen. Sowohl *Zazen* als auch *Mushin* sind von zentraler Bedeutung. Sind diese beiden Stadien einmal erreicht und ein Meditationsmuster festgelegt, dienen sie nur mehr als Mittel zum Erreichen der Erleuchtung. Viele der alten Zen-Meister benötigten Jahre der Meditation, um *Satori* zu finden.

Das moderne Leben fordert uns stark und es fällt schwer, sich Zeit für längere Meditationsperioden zu nehmen. Zum Glück vertreten heutige Zen-Anhänger die Ansicht, dass Meditation auch während der Verrichtung einfacher Arbeiten möglich ist. Die tägliche Wiederholung solcher Tätigkeiten kann dem Geist helfen, sich von Überflüssigem zu befreien und somit Raum für Reflexionen und Kontemplation schaffen. Erfahrungsgemäß gibt es gewisse Dinge, die das Sichkonzentrieren und damit das Erreichen von *Mushin* erleichtern. Blumen etwa sind wegen ihrer schlichten Schönheit und beruhigenden Wirkung ideal. Die Geschichte von Shakyamuni Buddha, der zur Erläuterung eine Blume hochhält, wurde bereits erwähnt. Auch ein Schüler des Zen-Meisters Ryoko Yasutani soll sein *Satori* erreicht haben, als er auf eine Blume auf einem Tempelaltar blickte und die Farbe der Blüte »in unbeschreiblichem Glanze erstrahlte«.

Durch konzentriertes Arrangieren von Blumen kann man Pflanzen als Hilfsmittel zur Kontemplation benutzen und sich von ihnen inspirieren lassen. Anmut und Eleganz der Pflanzen und die Wege, die Gedanken bei der Kreation eines Arrangements beschreiten, können von den Problemen und Ablenkungen des täglichen Lebens fortführen und den Geist nach innen lenken. Nimmt man die Blume, die Shakyamuni vor vielen Jahrhunderten in der Hand drehte, und greift danach, lässt sich von ihrer schlichten Perfektion umfangen, so gelangt man zu der Erkenntnis, dass man selbst und die Blume eins sind.

Dekorative Zweige und Gräser bringen Kontraste optimal zum Ausdruck – hier etwa den Unterschied zwischen Dunkelheit und Erleuchtung.

WABI SABI

Zen-Gärten

Ein Mensch, der ein Leben der Entsagung führt, seine

Bedürfnisse und seine Kunst auf ein Mindestmaß reduziert,

gilt im Westen als Asket. Im Zen-Buddhismus wird solche

Askese bewundert und als *Wabi* anerkannt.

Der Zen-Künstler belastet sich nicht mit Äußerlichkeiten.

Auf der Suche nach Schlichtheit wird nichts hinzugefügt,

aber vieles weggelassen. Das ist *Wabi*. *Wabi Sabi* bezeich-

net einen Gegenstand, der die Grazie und stille Würde

des Alters besitzt. Solche Dinge sind in einem Zen-Garten

zu finden, der zudem die perfekte Kulisse für viele

Zen-Blumenarrangements bildet.

Die Anlage eines Zen-Gartens

Seit Zen im 12. Jahrhundert während der Kamakura-Periode von China nach Japan gelangte, legen buddhistische Mönche Zen-Gärten an, in denen man still sitzen, die Gedanken sammeln und den Blick auf kontemplative Dinge richten kann. Moos und Blätter, Steine und Wasser – sämtliche Bestandteile des Gartens – laden ein, Platz zu nehmen und zu schauen. Je länger man sie betrachtet, desto klarer offenbaren sie ihre Bedeutung. Die meisten Steine in einem Zen-Garten liegen teilweise verborgen oder unter der Erde, weil sie einladen wollen, hinter die Oberfläche dessen zu schauen, was man sieht. Dem Zen-Mönch, der in einem Garten sitzt, ist es nicht genug, die Oberfläche der Dinge zu betrachten. Er versucht in ihre wahre Natur einzutauchen. Immer auf der Suche nach *Satori*, ist er bestrebt, sich mit allem zu identifizieren und tief in sich selbst hineinzuschauen.

Der Zen-Garten kann als perfekter Ausdruck des Geistes von Zen gelten. Auf äußerste Schlichtheit beschränkt, ist er ein Ort des Friedens und der Ruhe. Zu großen Teilen besteht er aus Steinen und sorgfältig geharktem Kiessand, der gewöhnlich von heller Farbe ist und dessen Linien den Wellenschlag eines Teichs imitieren. Unabhängig von seiner tatsächlichen Größe birgt ein solcher Trockengarten stets große Bedeutung, da Moos, Steine, Pflanzen und Wegeführung Natur und Symbolik zugleich beinhalten.

Solch beschauliche japanische Gärten lassen mit ihrer Harmonie mit der Natur den Benutzer gelöster werden. Greift man dieses Konzept im eigenen Garten auf, schafft man mithilfe von Steinen ein Fleckchen der Ruhe und Stille. Kiesel und andere natürliche Dinge wie Holz und einige frische Blumen, zum Beispiel gelbe Orchideen, fügen sich zu einem Ort der Kontemplation, an dem man gerne einen Augenblick innehält und über das Dasein nachsinnt.

Moderne Künstler erkennen und schätzen den asketischen wie den ästhetischen Wert von Zen. Die Gärten des Tempels Tofuku-ji in Kyoto etwa wurden 1938/39 von dem berühmten Gartenarchitekten Mirei Shigemori entworfen. Seine Absicht war, die Einfachheit des Zen

LINKS *Chozubachis,* aus Naturstein gehauene Handwaschbecken, findet man schon bei jahrtausendealten Shinto-Heiligtümern. Sie dienten und dienen der rituellen Reinigung.

LINKS **Ein *Koan*** ist ein paradoxes philosophisches Rätsel, das sich rational nicht lösen lässt. Zum Beispiel: »Wo ist das Licht einer nicht brennenden Lampe?« Die Lektion besteht darin, unter die Oberfläche der Dinge zu blicken.

in der Kamakura-Periode mittels der Abstraktion moderner Kunst zum Ausdruck zu bringen, die ja gleichfalls um größtmögliche Schlichtheit bemüht ist. »Form gleich Funktion« ist ein Konzept, das japanischen Künstlern leicht eingeht.

Zur Abtresidenz Hojo, einem der Hauptgebäude des Tofuku-ji-Tempels, gehören vier Gärten, die nach Norden, Süden, Osten und Westen ausgerichtet sind. Im eigenwilligen Südgarten symbolisieren monumentale Felsen verschiedene Inseln, das Ganze vor einem Hintergrund moosbedeckter Hügel, die die heiligen Berge versinnbildlichen. In bewusstem Kontrast zu diesem kargen, trockenen Steinambiente präsentiert sich der Westgarten sanft und mit geschwungenen Linien, geformt aus Azaleenbüschen und Moos. Die zu Quadraten gestutzten Pflanzen sollen an *Seiden* gemahnen, das traditionelle chinesische System der Landeinteilung. Das Schachbrettmuster wiederholt sich im Nordgarten, besteht hier jedoch aus in Moos eingebetteten Steinquadern. Dieser Garten überblickt die Tsuten-Brücke und eine Schlucht, die als *Sengyokukan* bekannt ist, also ihre volle Schönheit im Herbst entfaltet. Im Ostgarten stehen runde Steinpfeiler, die sieben ursprünglichen Grundsteine des Tofuku-ji-

Tempels, in einem Moosbett so gruppiert, dass sie das Sternbild des Großen Bären, aber auch den Himmel insgesamt repräsentieren.

Ich hoffe, die kleine Auswahl der Gärten und Pflanzenarrangements, die ich in diesem Kapitel vorstelle, vermag einen Einblick zu vermitteln in die wichtigsten Grundsätze des Zen-Gartens und der japanischen Kunst der Gartengestaltung überhaupt.

Der Wert eines leeren Geistes

Der von Hakuyou entworfene, 1959 fertig gestellte Kasuin-Garten ist dem des Sampo-in-Tempel im Daigo-ji-Komplex nachempfunden, dennoch einzigartig in seinem Stil, weil Hakuyou den Rasenflächen die Form einer *Sake*-Flasche und eines Trinkbechers gab. Die meisten Zen-Gärten in Kyoto sind außerordentlich schlicht, auf Materialien wie Kiessand und Moos und deren Symbolgehalt beschränkt. Hakuyou setzt Gras anstelle von Moos ein, und obwohl natürlich auch er mit Symbolen arbeitet, sucht er doch vor allem die Schönheit der Abstraktion. Sein Garten passt sich der ihn umgebenden modernen Architektur an. Die im Sukiya-Stil errichteten Gebäude sind Entwürfe von Togo Murano (1891–1984) und offenbaren die Leichtigkeit, für die dieser Architekt berühmt war. Die leuchtend violetten Kugeln des Blumenlauchs *Allium giganteum* in dem Betonkübel bilden einen schlichten, doch wirkungsvollen Blickfang und bringen Farbe ins Spiel.

LINKS *Allium giganteum* in einem Zementring.

RECHTS Der Kasuien-Garten ist ein schönes Beispiel für den sparsamen Stil moderner Sukiya-Architektur.

Die Perfektion des Schweigens

Im Südgarten des Hojo hat der Gartenarchitekt Mirei Shigemori Felsblöcke eingesetzt, die die Elysischen Inseln repräsentieren. Sie heißen Eiju, Horai, Koryo und Hojo und sind in Ost-West-Richtung auf einem *Hakkai* platziert, einem mit größter Sorgfalt geharkten Kiessandbett, das die acht Ozeane symbolisieren soll. Die ganze Szene spielt vor dem Hintergrund fünf moosbewachsener »heiliger Berge«.

Vor diesem typischen trockenen Zen-Garten mit seinem zu wellenförmigen Linien geharkten Kies stehen blauviolette Hyazinthen in hohen Bambusvasen. Der völlig naturbelassene Bambus ist als Pflanzgefäß äußerst dekorativ. Purpurviolett ist die Farbe, die Zen-Mönche tragen, die aufgrund ihrer Hingabe und Weisheit hohen Rang bekleiden. Ein japanischer Betrachter wird den Symbolgehalt der einzelnen Elemente dieses Trockengartens sofort erkennen.

Die Ringe der Bambusvasen spiegeln die in den Kiessand geharkten konzentrischen Kreise im Trockengarten des Hojo.

Koexistenz

Dieser Miniatur-Zen-Garten ist sehr einfach herzustellen und kommt mit wenigen Blumen aus. Auf einem runden Holztablett sind weiße und blaue Steine zu einem Bett arrangiert. Gelbe Cymbidien werden entweder über die Steine gelegt oder aufrecht hineingesteckt. Einige Blüten fielen zufällig zwischen die Steine, und da sie dort so malerisch wirkten, ließ ich sie liegen. Bisweilen wird das Urteil des Entwerfers überflüssig: Wenn sich ein Design verselbstständigt und gut aussieht, sollte man es lassen und sich über den kleinen »Unfall« freuen, der vielleicht etwas sagen will. Diese Komposition aus Grün, Gelb und Weiß in Verbindung mit den wunderschönen blauschwarzen Steinen zählt zu meinen Lieblingsentwürfen und basiert doch auf reiner Kalkulation. Die zarten Blüten zwischen den jahrmillionenalten Steinen bilden ein Objekt kontemplativer Versenkung, bei dem man verweilen und einen Moment über sein Leben nachsinnen kann.

Gelbe Cymbidien und weiße und blauschwarze Steine fügen sich in diesem Arrangement zu einem Bild vollkommener Harmonie. Das grüne Moos setzt samtige Akzente.

Zen-Philosophie

Hier ist die abstrakte Darstellung eines *Tsukubai*, eines steinernen Handwaschbeckens, wie es Mitsukuni Tokugawa (1628–1700), einem berühmten Feudalherrn, der die Abfassung des Dai-nippon-shi, der »Großen Geschichte Japans«, anregte, gehört haben soll. Die Komposition ist *Wabi Sabi* und im Garten des Ryoan-ji-Tempels in Kyoto zu bewundern. Die Schriftzeichen bedeuten »Ich lerne nur, um Zufriedenheit zu finden«. Es ist ein zentraler Gedanke der Zen-Philosophie, dass allein derjenige, der Zufriedenheit sucht, geistigen Reichtum erlangt, während nach Materiellem Strebende geistig verarmen.

Blätter der Schusterpalme *(Aspidistra)* zieren den Steinrand des *Tsukubai,* während die japanischen Schriftzeichen von weißen Nelken *(Diantus)* dargestellt werden, mit Moospolstern zur Überbrückung und Trennung. Kiefernzweige repräsentieren das Wasser im Becken.

Ein Zustand der Ruhe

Die Inspiration zu diesem Arrangement, das optimal in einen Gartenraum passen würde, entstammt der freien Natur – daher auch die organischen Materialien Holz, Rinde, Stein und Bambus. Ziel dieser Komposition ist es, ein Gefühl von Einheit herzustellen, denn in der Einheit liegt Ruhe. Um dies zu erreichen, bestehen sämtliche Vasen aus demselben Material und es wurde nur eine Blumenart verwendet: violette Schwertlilien. Die Intensität des Eindrucks hängt auch mit den verschieden langen Stielen zusammen, die Abwechslung andeuten. Unterschiede werden hingenommen; nichts schreit oder eifert. In dieser Art sollten Blumenarrangements gestaltet sein, die am Eingang stehen. Das Violett der Blüten greift das Blauschwarz des Steinbodens auf und auch der dunkelblaue Wandstreifen unterstreicht das Thema. Gezielter Einsatz von Farbe kann jede gewünschte Stimmung hervorrufen – in unserem Falle einen Zustand der Ruhe.

Der dunkelblau getünchte Wandstreifen hinter diesem Arrangement lässt die Holzvasen optisch hervortreten und korrespondiert mit dem blasseren Farbton der violetten Schwertlilien *(Iris)*.

Die Harmonie des Meeresbodens

Die Technik des Blumenarrangements macht es möglich, einen Miniaturgarten zu erschaffen, der sich perfekt in Ihre Einrichtung einfügt und dennoch klein genug ist, um auf einem Glastisch Platz zu finden. Das Schlüsselwort lautet Schlichtheit. Beschränken Sie sich bei den Materialien deshalb nach Möglichkeit auf Sand, Steine und Pflanzen. Sie sollten bei der Gestaltung dieses Zen-Gartens ein Stück Meeresboden vor Augen haben, gleichzeitig aber Farben und Pflanzen wählen, die zum Farbkonzept des umgebenden Raumes passen. Tillandsien und silbergraue *Dudleya* sind eine gute Wahl, dazu wurde in unserem Beispiel violetter Sand kombiniert. Um die Bewegtheit des Meeresbodens einzufangen und der gesamten Komposition eine gewisse Dynamik zu verleihen sowie interessante Akzente zu setzen, wurden zudem Schichten aus grünem und weißem Sand integriert.

Sie brauchen:
- rechteckige Glasschale
- farbigen Sand in Hell- und Dunkelviolett, Grün und Weiß
- 3–5 Stücke Marmorbruch
- Schere
- 2 silberblättrige Dudleya
- 3 Tillandsien

1

2

3

4

1 Der Glasbehälter muss groß und tief genug für die Bepflanzung sein, sollte aber Ihren Couchtisch nicht »erschlagen«. Da der Glastisch wichtiger Bestandteil der Komposition ist, darf er keinesfalls instabil erscheinen. Geben Sie zunächst hellvioletten Sand so in die Schale, dass ein untermeerisches Landschaftsmuster entsteht. Darüber dann dunkelvioletten Sand schütten. Achten Sie darauf, dass sich die beiden Sandfarben nicht zu stark vermengen; eine Einheitsfarbe würde dem Arrangement viel von seinem Charme nehmen.

2 Nun weißen und grünen Sand zu einem Muster dynamischer Bewegtheit ergänzen. Hier müssen Sie besondere Vorsicht walten lassen, damit sich die Farben nicht mischen – sonst verwischen die Kontraste, und der ganze Effekt ist dahin.

3 Beim Einpflanzen ist es empfehlenswert, die Dudleya und Tillandsien bereits in die Schale zu setzen, bevor die letzte Sandschicht eingefüllt wird. Am besten überlegen Sie sich die Platzierung der Pflanzen und Steine schon vor Arbeitsbeginn.

4 Zuletzt die Marmorstücke auf den noch leeren Sandflächen verteilen. Hier können Sie nach Lust und Laune experimentieren, solange Sie die Sandschichten nicht mischen.

Zugang zum Universum

In der Philosophie des Zen gilt der Kreis als Sinnbild des Himmels, und selbstverständlich sind auch die Sterne rund. Für eine entsprechende symbolische Komposition arrangiert man deshalb eine Reihe von Kugeln aus Holz oder anderem Material zu einem gefälligen Bild. Hier wurden zwei gewöhnliche naturbelassene Holzkugeln sehr dezent mit grünen Johannisbeeren und Granatapfelblüten dekoriert. Ich habe sie neben verwitterten Steinblöcken und den von mir hoch geschätzten blauschwarzen Kieseln auf einem Sandbett so positioniert, dass sie die Bewegung der Sterne und Planeten durch den Raum andeuten. Die halb geöffnete Tür repräsentiert einen Zugang zum Universum.

Steine und Holzkugeln stehen für Himmelskörper, die ihre Bahn um die Sonne ziehen. Die grünen Johannisbeeren und die Granatapfelblüten stecken in natürlichen Rissen der Holzkugeln.

Ein Platz zum Blühen

Es muss nicht immer

im Vordergrund sein;

doch einen Platz zum Blühen

braucht jeder.

BI

Zen-Interieurs

Bi heißt so viel wie »Schönheit«, und Künstler in aller Welt

halten Ganzheitlichkeit, Harmonie und inneres Leuchten

für unabdingbare Bestandteile des Schönen. Viele Künstler

glauben zudem, dass dem Raum, der ein Objekt umgibt,

derselbe Stellenwert beizumessen ist wie dem Objekt

selbst, da dessen Schönheit ohne Licht und Raum nicht

wirklich zur Geltung zu kommen vermag. Kunst ist etwas

Statisches und in gewisser Hinsicht immer vom Betrachter

entfernt. Dieses Konzept der Distanziertheit hat in Japan

einen eigenen Namen, *Ma,* und sollte bei der Präsentation

von Blumen in Innenräumen stets berücksichtigt werden.

Blumen für die Wohnung

Um die vollkommene Schönheit einer Blume erkennen und würdigen zu können, ist eine gewisse Distanz zwischen ihr und dem Auge des Betrachters vonnöten. Das Konzept von *Ma* und seine ästhetische Bedeutung hinsichtlich Ruhe und Ausgewogenheit zieht sich durch die gesamte japanische Kultur: No-Spiel, Teezeremoniell und die Kunst des Blumenarrangements – sie alle verinnerlichen und visualisieren dies. Bei der traditonellen Bühnenkunst des *No* bilden Schweigen und Unbewegtheit, Ruhe und Harmonie die Basis ausdrucksstarken Theaterspiels. *Ma* ist für *No* ebenso unerlässlich wie Stille für die japanische Musik: Stille ist ein Ausdruck von *Ma*.

Auf den folgenden Seiten veranschaulichen moderne japanische Interieurs dieses Zen-Prinzip. Wenngleich die abgebildeten Räume auch westliche Einflüsse zeigen, sind die Betonung von Licht und

LINKS **Eine Schale mit noch eingerolltem Königsfarn** *(Osmunda regalis)* **vor einem alten Druck ergibt ein monotonales Design ganz im Stil des Zen.**

UNTEN LINKS **Dieses Kamelienarrangement im** *Tokonoma* **eines modernen Hauses basiert auf der Form eines Quadrats.**

Raum, die klaren Linien und natürlichen Materialien, minimalistische Ausstattung sowie der Abstand zwischen den einzelnen Objekten doch typisch japanisch. Jedes Stück hat seinen eigenen Integritätsbereich, und der Respekt, der allem entgegengebracht wird, summiert sich zu einem Gesamteindruck von ruhiger Ausgeglichenheit. Eine solche friedliche Atmosphäre gilt als wesentlicher Bestandteil eines jeden Heims, das schließlich nicht nur als ein Ort angesehen wird, an dem man Gäste empfängt, Unterhaltung und Gesellschaft genießt, sondern auch als Ort der Entspannung und Regeneration.

Der Wohnraum auf der nächsten Seite oben präsentiert sich in moderner Eleganz. Die Kühle des Interieurs wird bestimmt vom hellgrauen Marmor des Bodens, lichten Wänden, dem langen cremeweißen Sofa und einem Treppenaufgang, der auf das absolute Minimum reduziert ist. So leicht wirken die Stufen, dass sie wie ein Schmetterling zu fliegen scheinen – unauffällig, funktional und doch wunder-

LINKS **Weiße Flamingoblumen *(Anthurium)* mit ihren langen blattlosen Stielen passen perfekt in das Ambiente eines modernen japanischen Wohnzimmers.**

UNTEN **Schlichte Objekte schlicht arrangiert – so entsteht eine Atmosphäre strenger, aber heiterer Ruhe.**

schön. Das Fenster überblickt einen Innenhof, der gleichfalls in hellen Tönen gehalten ist und den weitläufigen Eindruck unterstreicht. In einem solchen Raum, zeitlos und stilvoll, dabei aber behaglich und für die ganze Familie konzipiert, sollte ein eher informelles Blumenarrangement stehen – schlicht im Design und mit klaren Farben. Ist alles andere kühl, hell, licht und luftig, können grünes Laub oder andere Naturformen überraschende Wirkung zeigen.

Der traditionelle *Tatami*-Raum hat besondere Bedeutung, weil er den *Tokonoma* enthält, einen in die Nordwand integrierten Alkoven für die Präsentation von Schriftrollen, Blumenarrangements und anderen Kunstobjekten. Der *Tokonama* ist ein Altar, das spirituelle Herz des Hauses. Gewöhnlich besteht er aus glatten Wänden, in den hier abgebildeten ist jedoch ein Bodenfenster eingelassen, das zusätzlich Licht und Perspektive schafft. Alles im *Tatami*-Raum ist aus Naturmaterialien gefertigt.

Nahrung des Lebens

Ruhige Heiterkeit ist für einen Schlafraum wichtig. Hier schaffen die zarten Blüten der Amazonaslilie *(Eucharis),* die tropischen Narzissen gleichen, eine Atmosphäre der Entspannung. Die Vasen, ihrer Formreinheit, Höhe und Eleganz wegen gewählt, bringen die langen schlanken Stiele optimal zur Geltung. Besonders dekorativ erscheinen die exotischen cremeweißen Blütendolden in einem Raum von gleichermaßen eleganter Schlichtheit. Für ein Schlafzimmer sind stark duftende Blumen ungeeignet, da intensives Aroma Kopfschmerzen verursachen und den Schlaf stören kann.

Die grünen Stiele der Amazonaslilie fügen sich harmonisch in die Kombination verschiedener Braun- und Weißtöne, die heitere Ruhe ausstrahlt und Reinheit symbolisiert.

Geistige Erquickung

Das Badezimmer erfüllt in einem japanischen Haus eine wichtige Funktion, denn hier erfahren Körper und Seele Reinigung von den Mühen und Anstrengungen des Tages. Da die Japaner im Bad sogar meditieren, habe ich denkbar einfache Pflanzen in Muscheln gesteckt, um eine Art untermeerischer Ruhe zu beschwören. Wie erquickend, nach eines harten Tages Arbeit am Grunde des Ozeans zu liegen und die vorbeischwimmenden Fische zu beobachten. Frische Gedanken und Gefühle werden kommen und bald hat man – im Anschluss an eine wohlverdiente Zeit der Ruhe – genügend frische Kraft geschöpft, um erneut ans Werk zu gehen.

Einfache Objekte und Pflanzen, darunter ein Paar mit Orchideen bestückte Meeresschnecken, laden ein, in der Ruhe der Unterwasserwelt zu entspannen.

Steine und Inseln

Es macht viel Vergnügen, zuerst die Steine auszusuchen und dann die Blumen darum herum zu arrangieren. Diese helle Holztischplatte wurde mit langen Leinenstreifen dekoriert. Der Stoff ist bewusst dunkel gewählt, weil so die Steine und die anderen runden Objekte, die den Hauptakzent setzen, suggestiver hervortreten. Auch die Pflanzen sind in gedeckten Farben gehalten. Zwei Inseln aus Moospolstern und Flamingoblumen (Anthurium) sind über eine Brücke aus runden Steinen verbunden. Komplettiert wird das Ganze durch Porzellanschälchen mit Lotossamenköpfen.

Steine für ein solches Design findet man oft an den Plätzen, an denen man sie am wenigsten erwartet. Ein Sprichwort besagt: »Ein Stein in einer Mauer ist nicht verloren.« Dasselbe gilt für diese.

Der schwarze Leinenläufer in der Tischmitte fungiert als »Pflanzgefäß« für diesen kleinen Zen-Garten und bildet einen dekorativ-distinguierten Kontrast zu den weißen Steinen.

Ausgleichende Farben

Fühlt man sich ausgelaugt, kann man nichts anderes tun als ruhen. Kehrt die Kraft allmählich zurück, kann man sie jedoch durch leichte Aufgaben unterstützen, etwa die Gestaltung eines einfachen Blumenarrangements. Dies mag simpel klingen, doch je schlichter das Design, desto gravierender fallen selbst kleine Verstöße ins Gewicht. Aus der runden Öffnung dieser feminin gerundeten Vase ragen die langen grünen Stiele von Amaryllis. Der dichte Blütenball unterstreicht die Vertikalität der Stiele, aber auch Form und Zeichnung der Kronblätter. Einfach, schlicht und schön: Elfenbeinweiß und Grün, darüber Weiß mit einem ruhigen Rot. Ein edles Objekt, das jedoch das richtige Ambiente verlangt. Hier steht eine eckige schwarze Lacktruhe in komplementärem Kontrast zu der weiblichen Rundung der Vase, und in der großen Kerze wiederholt sich das Rot aus den Blütenblättern.

Das ruhige Rot der Amaryllisblüten (Hippeastrum) spiegelt sich in der Farbe der Kugelkerze im Hintergrund. Und ein Paar lackrote Pantöffelchen gibt dem Arrangement, das auf nur wenigen Farben beruht, den letzten Schliff.

Schwere und Leichtigkeit

Licht und Raum, klare Linien und Formen – mit diesen Vorgaben ein raumgreifendes Blumenarrangement zu kreieren ist eine einfache Aufgabe, vermittelt aber ein Gefühl von Ruhe. Hier wurde das Gefäß ringsum mit Prärieenzian *(Eustoma)* bestückt, dessen runde, tiefviolette Blüten zur Farbe der Vase passen und deren harte Konturen mildern. Den verbliebenen Platz nimmt Eisenhut *(Acontium)* ein. Damit die Klarlinigkeit gewahrt bleibt, müssen alle Blütenstiele auf dieselbe Länge eingekürzt werden. Als Gegengewicht zu dieser dunklen und schweren Komposition sind, ein wenig seitlich versetzt, drei schlanke weiße Zylindervasen gruppiert. Die hohen, hellgrünen Gräser bringen einen vertikalen Faktor ins Bild. Ein solches Arrangement lässt dem Gestalter hinsichtlich Farben, Texturen, Formen und Kontrasten beträchtlichen Spielraum und kommt daher der eigenen Kreativität entgegen.

Steht eine dunkle, optisch schwere Komposition im Mittelpunkt des Arrangements, sollte man mit kontrastierenden Farben und Formen für ausgleichende Leichtigkeit sorgen.

Reinheit der Form

Mit ihrer strengen, aber eleganten Form sind diese blauschwarzen Vasen charakteristisch für japanisches Design – seien es Einrichtungsgegenstände oder Accessoires der Nationaltracht. Hier erinnern die Blattstiele der *Stromanthe sanguinea* an den Kopfschmuck, den japanische Mädchen zum traditionellen Kimono tragen. Die kräftigen, glänzenden Blätter werden zu einer Umrahmung gelegt, in der die bunten Blüten Platz finden. Die Blätter selbst sind dunkelgrün, ihre Ränder aber rötlich, weshalb auch rötliche Blumen gewählt wurden: orange Dahlien, roter Hahnenkamm *(Celosia)* und gelbe Seidenpflanzen *(Asclepias)*. Die kräftigen Töne des Hahnenkamms werden von dem neutralen Orange der Dahlien aufgefangen, die sich ihrerseits dekorativ von dem Grün der Blätter abheben. Durch die hellgraue Kieselplattform, die die Verbindung zu einem traditionellen Zengarten herstellt, gewinnt das Ganze Spiritualität. Achten Sie darauf, dass das Tablett im richtigen Größenverhältnis zu den Vasen steht: Diese dürfen darauf weder verloren noch gedrängt wirken.

Sie brauchen:
- **Steckschwamm**
- **Messer**
- **silberfarbiges rechteckiges Tablett**
- **hellgraue Kieselsteine**
- **2 rechteckige Vasen**
- **Schere**
- **4 *Stromanthe-sanguinea*-Blätter**
- **Hahnenkammblüten *(Celosia)***
- **Seidenpflanzenblüten *(Asclepias)***
- **orange Dahlien**
- **2 Kalla *(Zantedeschia)***

1

2

3

4

1. Aus dem gut gewässerten Steckschwamm zwei exakt in die Vasen passende Stücke zuschneiden, jeden in zwei *Stromanthe-sanguinea*-Blätter wickeln und alles der Abbildung entsprechend in die Vase stecken, sodass die Blattstiele waagrecht herausragen. Die Vasen auf das Tablett stellen und so positionieren, dass sie zwar parallel stehen, aber nicht symmetrisch oder nebeneinander – sonst wäre die Wirkung dahin.

2. Die beiden Gestecke gleichzeitig arbeiten, damit sie wirklich identisch werden. Beginnen Sie bei beiden Vasen links und stecken Sie die Hahnenkammblüten dicht nebeneinander in die hinterste Blattbiegung. Sie müssen innerhalb der Blattumrahmung bleiben, sollten diese aber geringfügig überragen.

3. Nun die Seidenpflanzen anschließen, die einen interessanten Kontrast in Form, Struktur und auch Farbe ergeben.

4. Zuletzt die orangen Dahlien vor die Seidenpflanzen stecken, damit deren zwar leuchtendes, aber neutrales Orange das intensive Rot des Hahnenkamms dämpft. Ihre fülligen Blüten verbergen den Blattansatz sowie den Steckschwamm. Den Abschluss bildet eine Kalla, die (vom Betrachter aus) auf der Rückseite des Arrangements eingefügt wird. Abschließend noch die hellen Kiesel auf dem Tablett verteilen.

Mondblumen

Den Blickfang dieses Designs bildet ein Metall-Rollbild, ähnlich jenen pergamentenen Schriftrollen, die in japanischen Wohn- und Gebetshäusern die Wände schmücken. Da das Wesen des Zen Schlichtheit ist, habe ich sie mit nur einer Pflanze dekoriert – einem Kannenstrauch (Nepenthes) –, allerdings einer höchst ungewöhnlichen, exotischen, mit satten Farben, die in der Form an ein Saxophon erinnert. Zu diesem zentralen Bild hin führt ein langer rechteckiger Tisch mit heller Holzplatte und einem breiten Band aus blauschwarzen Kieseln in der Mitte, die den Blumenschmuck ersetzen. Für mich symbolisieren sie den Weg der Schönheit. Gleichsam als Gegenpol zu diesen klaren Geraden ist der Tisch mit schlicht weißen Schalen auf dunklen Tellern gedeckt und jeden Platz zieren Pflanzen und Blätter. Obwohl sämtliche Elemente modern sind, wirkt das Ensemble in seiner Gesamtheit sehr traditionell und vermittelt kultivierte Eleganz.

Die schlicht weißen Schalen, jeweils mit einer Sukkulente bestückt, unterstreichen die Linearität des Arrangements und bilden einen Bezug zum Mond, den in wohl jeder Kultur ein Nimbus des Mythischen umgibt.

Reinigung

Diese Maiglöckchensträuße wirken nur als Paar;

getrennt würden sie ihre Reinheit niemals entfalten – so wie viele

Menschen es schwierig finden, in der Isolation Reinheit zu erfahren.

MU

Das Universum in einer Blume

Zen zufolge ist das Universum in seiner ganzen Komplexität und Einfachheit in einer einzelnen Blume enthalten, und daher ist es möglich, ein Universum im eigenen Heim zu kreieren. Ganz nach Lust und Laune kann man eine oder mehrere Welten erschaffen. Eines der vielen Zen-Themen, die man als Grundgedanken heranziehen kann, ist *Mu,* das Nichts, das, in die Terminologie der Ästhetik übersetzt, Leere oder Raum bedeutet. Das Zen-Symbol für *Mu* ist der Mond.

Die Schönheit der Leere

Eine einzelne Blume sagt alles. In ihrer Blüte setzt sie die Schönheit des Universums frei. Man sagt, Zen sei wie eine Blume, die ewig lebe, ohne Anfang oder Ende, deren Blütenblätter abfallen, während neue nachwachsen. Blumen blühen überall – an Berghängen, am Straßenrand, im Garten, in Heim und Herzen.

Eines der in Japan verbreitetsten Dekorationskonzepte basiert auf der traditionellen Linearität, und weil dies auf dem Gebiet der Floristik die Beschränkung auf möglichst wenig Blumen bedeutet, eignet es sich auch für moderne Arrangements. Sie können eine einzelne Blume verwenden oder einen Blumenstrauß, oder Sie begnügen sich mit zwei oder drei Sorten – worauf es ankommt, ist ein minimalistischer Effekt, der sich automatisch einstellt, wenn die Blumen von ausreichend leerem Raum umgeben sind. Künstler in aller Welt wissen um die Bedeutung von Raum. In ihrem Streben nach Einheit, Harmonie und Ausstrahlung eines Werkes sind sie sich bewusst, dass nichts davon zur Wirkung gelangen kann, wenn dem Objekt der nötige Raum fehlt. In Japan ist *Mu* oder das Nichts aber nicht allein ein Prinzip der Ästhetik, sondern auch des Glaubens. Wenn man Zen-

LINKS **Eine schlichte Vase unterstreicht die transparente Schönheit des langstieligen Mohns** *(Papaver).*

UNTEN LINKS **Wie Ideenblitze schießen Blumenlauch und Mohnblüten aus diesen ungewöhnlichen Vasen.**

GEGENÜBER **Dieses Arrangement symbolisiert die Reinkarnation: Die untere Reihe steht für ein früheres Leben, die mittlere für das derzeitige und die obere für ein zukünftiges.**

Blumen arrangieren, sollte man immer vollkommene Schlichtheit anstreben und sich auf das Wesentliche beschränken.

In der Praxis fängt man am einfachsten mit einer Komposition aus nur einer Blume und einer Vase an, begutachtet als Erstes die Blume und die Länge ihres Stiels und bringt Blume wie Stiel mit der gewählten Vase ins Gleichgewicht. Möchte man eine Atmosphäre von *Wabi Sabi* erzeugen, schaffen Kirschblüten oder Bambus die entsprechende Stimmung; für eine modernere Interpretation von *Mu* sind allerdings Gerbera oder Orchideen besser geeignet.

In vielen Zen-Gärten repräsentieren Steine das Universum, und man kann mit Steinen und Pflanzen ganz einfach einen Miniatur-Zen-Garten kreieren. Es macht Spaß, nach Steinen zu suchen, die buchstäblich überall zu finden sind: auf der Straße, am Flussufer oder im Park. Hat man erst einmal angefangen, Steine – die alle viele Jahrmillionen alt sind – richtig zu betrachten, wird man überrascht feststellen, welche Schönheit ihnen innewohnt.

Eine andere Möglichkeit, das Universum darzustellen, besteht darin, eine Moos- oder Steckschwammkugel ringsum mit Blüten zu bestücken. Mehrere unterschiedlich große versinnbildlichen Sterne und Planeten. Das Arrangement auf dieser Seite soll die Kontinuität des Lebens im Universum symbolisieren. Man braucht dazu mehrere

kubische Glas- oder Plexiglasbehälter, notfalls tun es auch CD-Hüllen. Hinter dem Entwurf steht der Gedanke der Reinkarnation, und unabhängig davon, ob man an dieses buddhistische Konzept glaubt oder nicht, hat er hier eine überaus zeitgemäße Komposition inspiriert. Es ging mir darum, drei räumlich getrennte Ebenen auszubil-

den, die ein früheres Leben (untere Reihe), das derzeitige Leben (mittlere Reihe) und ein künftiges Leben (obere Reihe) repräsentieren. Die Gerberastiele und -blüten dienen dazu, eine Verbindung spiritueller Art zwischen den Ebenen herzustellen: Die Stiele stehen für Wachstum, die Blüten für Erfüllung. Selbstverständlich offenbart diese Komposition auch die Verbindung zwischen allen Dingen im Universum. Rein ästhetisch gesehen, verdient die schlichte Funktionalität der Behälter Beachtung, die Form und Farbe der Blumen zu optimaler Geltung verhilft. Das Geheimnis des Erfolgs liegt in der Beschränkung – zu wissen, wann man aufhören muss, wann Ganzheitlichkeit,

Harmonie und Ausstrahlung des Objekts erreicht sind und jedes Mehr ein Zuviel wäre. Wie alles bei Zen ist dies einfach und schwierig zugleich und verlangt großes Einfühlungsvermögen und Fingerspitzengefühl – aber wenn man die ultimative Verschmelzung eines Objekts mit dem ihn umgebenden Raum erreicht hat, ist eine Aussage über die Einfachheit und Schönheit des Universums gelungen und man wird die Erfüllung spüren, die nur die Berührung mit der Wahrheit zu bringen vermag – und zwar mit der Wahrheit im Großen wie mit der Wahrheit in unserem Inneren. Und ein solcher Augenblick der Erfüllung vermag das Herz zu heilen.

Symbol und Suggestion

Hat man die minimalistische Kunst gemeistert, aus nur einer Blume in einer Vase, umgeben von Licht und Raum, eine vollendete Komposition zu kreieren, dann ist man auch bereit und in der Lage, die Blume als eigene Einheit zu begreifen. Bisweilen besitzt eine Blume allein von ihrer Form her solche Suggestivkraft, dass sie mit einem Begriff zu einer kaum mehr trennbaren Einheit verschmilzt: So werden Blumen zu Symbolen.

Hier lautet der Begriff »Diffusion« und impliziert die Streuung von Licht ebenso wie die Ausbreitung zarten Duftes durch die weißen oder violetten Einzelblüten von Schmucklilie (Agapanthus) und Zypergras (Cyperus). Kombiniert zu einer Einheit, die Auge und Geruchssinn gleichermaßen zu verführen sucht, verbreiten sie zugleich ein Gefühl der inneren Ruhe und Gelassenheit. Es gibt Blumen von derartiger Wirkung, dass man in einen tiefen, erholsamen Schlaf sinkt.

Weiße Schmucklilie

Violette Schmucklilie

Alles strebt aufwärts und auswärts bei diesem Arrangement aus Schmucklilien (Agapanthus) und Zypergras (Cyperus) – beide ideal als Verkörperung des Prinzips der Diffusion. Eine einzelne Edeldistel (Eryngium) bringt Farbe und Strukturen ins Bild.

Chrysanthemengalaxie

Wann immer ich die Zen-Gärten von Kyoto besuche und die Felsen betrachte, denke ich, dass sie nur halb sichtbar sind: Ihre wahre, vollständige Gestalt bleibt mir verborgen, das Unsichtbare der Fantasie überlassen. Nun tendiert die Moderne dahin, Objekte bloßzulegen, sodass alles sichtbar wird. Gemäß diesem Trend habe ich versucht, Dinge so darzustellen, dass man sie in ihrer Gesamtheit erkennt. Diese Chrysanthemenblüten repräsentieren Seelen, die in den unendlichen Weiten eines noch immer rätselhaften Universums schweben.

Beide Kugeln dieser Komposition sind aus zwei Hälften zusammengesetzt. Diese wurden auf den Boden einer Glasschale bzw. deren umgekehrten Deckel geklebt. So entsteht der Eindruck schwimmender Sphären.

Monte-Carlo-Tulpen

Im Bad kann man entspannen und in Gedanken das Universum durchstreifen. Braucht man etwas, das aus der realen Welt entführt und die Fantasie beflügelt, kann man mithilfe der strahlend gelben Monte-Carlo-Tulpen alle Mattigkeit ablegen. Das tiefe Grün der Glasvasen symbolisiert reinigendes Wasser ebenso wie Raum, und so wird man sich bald befreit fühlen, regeneriert an Leib und Seele. Dies ist ein Beispiel für die überraschende Wirkung, die sich schon mit einer einfachen Vase und nur einer Blumenart erzielen lässt, sofern diese nur richtig präsentiert sind. Gelb und Dunkelgrün ergänzen sich perfekt zu einem Bild von Vitalität, Frische und Gesundheit. Das zarte Grün in den Tulpenblüten nimmt Bezug auf die Farbe der Vase, und die Vase erwidert dieses Kompliment mit gelben Streifen. Die weißen Wände und die Glasplatten wirkten kalt – bis diese Blumensträuße darauf Platz fanden.

Das leuchtende Gelb dieser Tulpen passt perfekt zu dem Dunkelgrün der Vasen. Die gelbe Maserung im grünen Glas verbindet die Farben und gemahnt an die wirbelnden Materiemassen in den Weiten des Weltraums.

Eine Blume allein

Eine einzelne Blume kann wie ein Stern am Himmel strahlen und die Schönheit des Universums erleuchten. Hier symbolisiert ein großer schwarzer Teller den dunklen Weltraum, mit einer Galaxie aus Hortensien und Lotossamenständen *(Hydrangea* und *Nelumbo)*. Mit der Mohnblüte *(Papaver)* spielte ich so lange, bis mir die Lösung gefiel. Man kann das Ganze nun als dekorative Komposition sehen, aber auch als die Geburt eines Sterns, dessen Leuchtkraft einen Teil des Universums erhellt. Es ist immer ein guter Anfang, eine einzelne Blume in die Hand zu nehmen und sie genau zu betrachten. Sich zu entscheiden, was sie darstellen soll, und die übrigen Elemente entsprechend zu wählen. So gestaltet man aus der Mitte heraus. Man kann die Aufgabe auch umgekehrt angehen und mit dem schwarzen Teller beginnen. Wichtig ist, eine genaue Vorstellung davon zu haben, was man aussagen will.

Auf einem schwarzen Lackteller wurden eine Hortensienblüte, Lotossamenköpfe und ein rosafarbener Mohn so arrangiert, dass sie die Geburt eines Sterns repräsentieren.

Die Quelle des Zen

Zen erscheint als Produkt des menschlichen Geistes, mit dem zusammen es sich im Laufe vieler Jahrtausende entwickelte; seine eigentliche Quelle aber ist das Universum, das niemand vollständig zu begreifen vermag, und so bleiben auch die Anfänge des Zen rätselhaft und geheimnisvoll. Je mehr man versteht, desto weniger weiß man, und umso größer das vermeintliche Wissen, desto größer ist in Wahrheit die Unwissenheit. Zen und die Blumen entstammen derselben ergründlichen Quelle, und das verbindet sie. Bei universalen Themen wähle ich gerne die Farben Blau, Violett und Grau. Hier gemahnt die Kombination der Farben von Hortensie, Sockel und Hintergrund an die Einheit, der alle Elemente unseres Universums angehören.

Wunderschöne violette Hortensienblüten auf einem silberfarbenen Sockel vor einem Hintergrund aus undurchdringbarem blassem Blau – für mich eine Ikone des Universums.

Blütensphären

Bei der Gestaltung von Kompositionen, die auf einer Darstellung des Universums basieren, bietet es sich an, Blumen zu verwenden, deren Form diesem Konzept entspricht. Nun ist das Weltall wissenschaftlichen Erkenntnissen nach vermutlich ein sich ausdehnendes sphärisches Gebilde. Vorausgesetzt, Sie schließen sich dieser Auffassung an und stellen sich das Universum ebenso vor, sind für ein solches Projekt runde und kugelförmige Objekte geradezu prädestiniert. Eine große runde Schale versinnbildlicht dabei ein Miniaturuniversum. Und Pflanzen mit kugelförmigen Blütenköpfen wie Iranlauch (Allium aflatunense), Kugellauch (A. sphaerocephalon) oder der Milchstern (Ornithogalum arabicum) tragen dazu bei, einem solch »universalen« Konzept zum Erfolg zu verhelfen.

Sie brauchen:
- **flache runde Schale**
- **Steckschwamm**
- **Floristentape**
- **Schere**
- **Iranlauch (Allium aflatunense)**
- **Kugellauch (Allium sphaerocephalon)**
- **Milchstern (Ornithogalum arabicum)**

1

2

3

4

1 Als Erstes sollten Sie den Tisch aussuchen, auf dem Ihr Arrangement stehen soll, diesen entsprechend dekorieren und eine große flache Holzschale in die Tischmitte stellen. Schneiden Sie dann mehrere Blöcke des gut eingeweichten Steckschwamms zu und kleben Sie zwei davon mit Floristentape übereinander, damit eine Kugellauchblüte mit langem Stiel ausreichend Halt findet. Diese langstielige Blume wird Höhe in das Gesteck bringen damit seine Dreidimensionalität unterstreichen. Nun einige kleinere Iranlauchblüten in die Schale legen und deren Stiele horizontal in dem Steckschwamm fixieren.

2 Um dem Ganzen einen modernen Anstrich zu geben, die nun folgenden Blütenstiele von Kugellauch und Milchstern parallel dazu in den Schwamm stecken.

3 Bedenken Sie bei der Positionierung der kleineren Blüten, welche Wirkung die großen Köpfe des Iranlauchs (Allium aflatunense) auf das Gesamtbild haben werden, und fügen Sie diese dann hinzu – immer eingedenk, dass das Ganze letztlich sowohl farblich als auch von der Blütenmasse her ausgewogen sein muss.

4 Haben Sie eine Ausgewogenheit zwischen den verschiedenen Blütenkugeln erreicht und diese gegen die vertikalen und horizontalen Parallelen der Stiele abgesetzt, können Sie die übrigen Blüten dazu verwenden, den Steckschwamm vollständig zu verbergen. Zuletzt eine langstielige Iranlauchblüte senkrecht in das vorbereitete doppelt hohe Schwammstück stecken.

Ein Universum en miniature

Textur, Form und Farbe von Flamingoblumen *(Anthurium)* und Alokasienblättern *(Alocasia)* harmonieren überzeugend mit modernem Design. Flamingoblumen sind schlicht und schön zugleich, weshalb die vornehm minimalistische silberfarbene Kugel so wunderbar zu diesen ausgefallenen Blüten passt. Bei einem derartigen, fast puristisch schlichten Arrangement müssen die Farben mit besonderem Bedacht gewählt werden. Zu vermeiden sind lebhafte, grelle Töne, die zu dominant wirken würden. Hier geht es um sparsamen Einsatz von Form und klare Linienführung, und so sind Subtilität und Finesse gefragt.

Zwei Flamingoblumen und eine Silbersphäre spiegeln die Schönheit des Universums.

Purpurschwaden

Purpurviolett ist die Farbe des Habits Zen-buddhistischer Priester, die einen hohen Rang bekleiden. Dieses prächtige Arrangement, für das nur eine Blume, die purpurviolette Orchidee *Vanda* ›Rothschildiana‹, verwendet wurde, demonstriert die Ausstrahlung dieser Farbe. Der Grundgedanke bestand darin, die schlichte Kraft und Eleganz nur einiger weniger Töne zum Ausdruck zu bringen. Das warme Braun des Hintergrunds bringt eine weitere Farbe ins Spiel, die den Effekt noch steigert. Man kann jede beliebige Pflanzenart nehmen, sollte aber immer daran denken, dass auch hier Schlichtheit den Schlüssel zum Erfolg birgt. Wichtig sind klare Linien, klare Farben und eine gewisse Volumenhaftigkeit. Ein solches Arrangement kann Kraft spenden und lässt einen den neuen Tag mit frischem Mut beginnen.

Dieses exzeptionelle Arrangement purpurvioletter *Vanda*-Orchideen in einer Umfriedung aus grasgrünen Trieben passt in ein Badezimmer ebenso wie in einen modernen Wohnraum.

Die Versuchungen dieser Welt

Schreit die Seele in solch lauten Farben, offenbart dies das Menschsein und verrät Schwächen, die doch fester Bestandteil des Lebens sind. Dieser lebhafte Strauß ist ein Versuch, die Beklommenheit und Ängste von Menschen abzubilden, die in Umständen gefangen sind, die sie nicht verstehen. Die runde Vase auf der schlanken Säule steht für die Isolation des Menschen. Die leuchtenden Blumen – rote und orange Kalla *(Zantedeschia)*, roter Hahnenkamm *(Celosia)*, rotes Leucospermum *(Proteaceae)*, rote und orange Seidenpflanzen *(Asclepias)* und leuchtende Fackellilien *(Kniphofia)* – symbolisieren das Feuer tiefer Verzweiflung, während andere wie Muschelblume *(Moluccella laevis)* und die angemessen dornig erscheinende Guzmanie an Gefühlsausbrüche gemahnen. Die Rot- und Gelbtöne scheinen wie von einem inneren Feuer erhellt zu leuchten und aus dem Grün heraus regelrecht zu explodieren.

Wie glühende Scheite ragen die roten, orangen und gelben Blüten aus dem Gebinde hervor und heben sich von der mintgrünen Kulisse ab.

Kalla *(Zantedeschia)*

Seidenpflanze *(Asclepias)*

Leucospermum *(Proteaceae)*

Fackellilie *(Kniphofia)*

Mahagonifeuer

Diese prachtvollen rotbraunen Sonnenblumen *(Helianthus),* deren Blüten in vielfältigen Gelb-, Rot- und Brauntönen leuchten, sind mit einem zerschlissenen alten *Sake*-Sack dekoriert. Blumen und Stoff ergänzen einander perfekt. Für zusätzliche Farb- und Texturakzente sorgen Efeubeeren, die keine zu starken Kontraste setzen.

In vielen Fällen ergibt sich eine gelungene Komposition fast automa-

tisch. In solchen Augenblicken ist die Kraft von Zen spürbar. Man sollte der Versuchung widerstehen, alles kontrollieren zu wollen, und stattdessen lernen, auf die innere Stimme zu hören. Es kann Jahre dauern, bis man seinen Instinkten vertraut, aber wenn es so weit ist, hat man große Freiheit gewonnen. Ein solch freier Zugang zur Blumenkunst sagt viel über den Gestalter aus.

Zum Leuchten gebracht, erwärmen diese Mahagonitöne das Herz. Die strahlenden Blüten setzen sich gegen Farbe und Textur des alten Leinengewebes ab.

Ein Spiegel der Seele

Ein Blumenbouquet kann Emotionen widerspiegeln. Will man seine Gefühle auf diesem Wege zu Wort kommen lassen, gilt es zunächst die Grundfarben festzulegen: Weiß, Grün und Gelb drücken emotionale Leichtigkeit aus, während Blau, Dunkelrot und Violett eher dramatische Stimmungen vermitteln. Hier ging es mir darum, ein Arrangement zu kreieren, das Reinheit, Schlichtheit und Ruhe ausstrahlt, weshalb ich das zarte Grün einer Chrysantheme als Basisfarbe wählte. In dieses Grün steckte ich weiße Kalla *(Zantedeschia)* und ›Casablanca‹-Tulpen sowie kleine Schneeballzweige *(Viburnum)*. Die weißen Blüten fügen sich wunderbar zwischen die grünen Chrysanthemen und der anmutig frische Strauß lässt den ganzen Raum heiterer erscheinen. Weil Tulpen sich rasch öffnen, empfiehlt es sich, die Stiele kurz zu schneiden und die Blüten sehr dicht zu stecken. In diesem Beispiel sind die Tulpen ein wenig kürzer als die Kalla.

Weiße und zartgrüne Blüten dominieren in diesem Bouquet, dem ein gefältelter Kragen aus Fächerpalmwedeln *(Washingtonia)* den passenden Rahmen verleiht.

Blumen-Koordinaten

Ein zeitgenössischer Entwurf, der auf klaren Linien und schlichten Formen beruht. Zylindrische Vasen wie die hier verwendete haben zweifachen Vorteil: Einerseits wirken sie modern, erinnern aber gleichzeitig auch an traditionelle japanische Objekte. Zudem finden in ihnen eine Menge Blumen Platz. Wenn Sie Grün als Basisfarbe wählen, bietet sich ein dunkler Grundton an, der sich mit helleren Schattierungen derselben Farbe absetzen lässt. Diese Methode ist ähnlichen Techniken in der Malerei und Fotografie entlehnt: Man spielt mit dem Licht und schafft interessante Kontraste. Nun braucht die Farbe Grün eine gewisse Mäßigung, wenn sie nicht alles dominieren soll. Hier erfüllen weiße Steine und ein helles Quadrat diesen Zweck, aber natürlich auch die leuchtend roten Dahlien, die sowohl oben im Strauß als auch am Fuß der Vase erscheinen. Damit ihre Intensität nicht überhand nimmt, wurden zusätzlich Gänsefuß (Chenopodium), Stockrosenknospen (Alcea), Efeu (Hedera), Schneeballbeeren (Viburnum) und Hortensien (Hydrangea) eingefügt.

Sie brauchen:

- quadratische Steinplatte
- zylindrische Vase
- Steckschwamm
- Messer
- doppelseitiges Klebeband
- weiße Steine
- Schere
- Phormium-Blätter
- Hortensien (Hydrangea)
- Efeu (Hedera)
- Schneeballbeeren (Viburnum)
- Stockrosen (Alcea rosea)
- Dahlien (Dahlia)
- Gänsefuß (Chenopodium)
- tropische Früchte

1

2

3

4

1 Die Vase auf die Steinplatte stellen und einen passend zugeschnittenen, gut durchfeuchteten Steckschwamm hineinlegen. Doppelseitiges Klebeband an der Vase befestigen und den oberen Schutzstreifen abziehen. Dann von unten beginnend Blätter von Neuseeländer Flachs (Phormium) aufkleben.

2 Aus Hortensien, Efeublättern und Schneeballbeeren den Strauß zusammenstellen. Die Schneeballzweige sollten den Hauptbestandteil bilden.

3 Ist der Steckschwamm nahezu verdeckt, als Farbkontrast die Stockrosenknospen hinzufügen.

4 Von der Mitte nach außen arbeitend, nun die Dahlien einbinden. Abschließend mit Gänsefuß und einigen tropischen Früchten weitere Akzente setzen. Ein paar um die Steinplatte herum arrangierte weiße Steine verleihen dem Ganzen den letzten Schliff.

Pfingstrosenbouquet

Blumen sind lebendige Organismen und ein wichtiges Glied in der komplexen Kette irdischen Lebens. Obwohl ihre Form und Farbe im Grunde nur bestäubende Insekten anlocken sollen, werden sie von uns als Dinge von unvergleichlicher Schönheit wahrgenommen. Wir pflegen sie in unseren Gärten, pflücken sie, arrangieren sie in Vasen und verschenken sie an Freunde und Verwandte. Ihre Bedeutung und ihr Symbolgehalt reichen jedoch tiefer. Dieser zauberhafte Strauß rosafarbener Pfingstrosen *(Paeonia)* steht vor einer alten japanischen Kachel, sodass jeder, der sie mit Muße betrachtet, die vollendete Schönheit der Blüten erkennt. Die zarten Rosanuancen kommen vor dem Zinngrau des Hintergrunds perfekt zur Geltung – und das Wissen, dass die Blüten früher oder später verwelken, verleiht dem Bild eine gewisse Wehmut.

Das zarte Rosa dieser unerhört schönen Pfingstrosen gewinnt vor dem dunklen Hintergrund zusätzlichen Zauber.

Vertrocknete Einsamkeit

Es gibt Momente völliger Verlorenheit.

Nur wer solche Einsamkeit kennt,

versteht das Bedürfnis nach Geborgenheit und Wärme.

Dō

Blumen-Skulpturen

Dō bedeutet »Weg«, »Bewegung«, und ein klug inszeniertes Gefühl von Bewegtheit vermag die Wirkung vieler Kunstwerke zu unterstreichen. Bei plastischen Blumenarrangements kann es hilfreich sein, Arbeiten zeitgenössischer Bildhauer und Fotografen zurate zu ziehen, die häufig versuchen, eben dieses Gefühl der Bewegtheit in ihren Werken zum Ausdruck zu bringen. Sämtliche in diesem Kapitel vorgestellten Blumenskulpturen haben eine klar definierte Linienführung und besitzen große Präsenz und Aussagekraft.

Ein Gefühl von Bewegtheit

Den Eindruck von Bewegtheit zu erwecken, ist in sehr vielen Kunstformen möglich, auch in der Blumenkunst. Ein Fotograf beispielsweise kann Bewegung sehr überzeugend simulieren, indem er in rascher Folge viele Tausend Bilder schießt und diese dann der Reihe nach so präsentiert, dass der Betrachter einen Film sieht, der eine Illusion von »Echtzeit-Bewegung« vermittelt. Dies bedeutet freilich nicht, dass Künstler, deren Werke von Natur aus statisch sind, das Konzept der Bewegtheit den Filmemachern überlassen und sich auf reg- und leblose Materie beschränken müssen. So kann etwa auch ein Maler die Illusion von Bewegung erzeugen, indem er so viel Licht und Raum auf die Leinwand bannt, dass das Motiv, sei es Pferd, Auto oder Tänzer, Bewegungsfreiheit hat.

Schlichtheit sowie Raum und Licht, innerhalb deren sich eine Form definieren kann, sind die Hauptbestandteile eines Zen-Raums. Freiraum und Licht benötigt man auch, um eine Blumenskulptur zu komponieren, die jenes Gefühl von Ruhe und Frieden atmet, das für eine entspannte Atmosphäre erforderlich ist. Allerdings dürfen diese

OBEN UND RECHTS
Dieser eigenwillige dreiteilige Couchtisch wurde zum Forum für verschiedene kleine Steingärten. Mit unterschiedlich gefärbten Steinen kann man wie mit Farbe arbeiten. Moospolster bringen eine neue, samtige Oberflächendimension.

Ruhe und Gelassenheit nicht in Trägheit ausarten, weshalb Arrangements, die zur Kontemplation einladen sollen, immer auch eine gewisse harmonische Spannung beinhalten müssen.

Der geometrische Kreis ist die ideale Umsetzung einer in der Natur vorkommenden Form, und der menschliche Verstand begreift dies instinktiv. Abwandlungen dieser Grundform machen es möglich, selbst in einem statischen Objekt ein Gefühl von Spannung und Bewegung zu erzeugen. Zum Beispiel vermittelt eine Aufnahme durch die Mitte einer Wendeltreppe den Eindruck einer unendlichen Spirale, und dieses einfache Bild weckt die Assoziation eines Strudels und damit ein Gefühl der Gefahr. Ein in zwei Hälften geteiltes rundes

RECHTS **Betonflächen wirken leicht eintönig. Hier wurde eine andernfalls monotone Bank mit Kränzen aus dunkelvioletten Iris geschmückt.**

UNTEN **Diese Hauswurz-Skulptur zeigt die vollkommene Form eines Quadrats, das durch Zweiteilung Spannung erhält.**

Blumenarrangement lässt an etwas Unvollständiges, noch nicht Erreichtes denken. Die beiden Halbkreise gehören zusammen; solange sie getrennt sind, herrscht eine gewisse Spannung zwischen ihnen. Asymmetrisch platziert, ergeben sich verschiedene interessante Kompositionen, sämtlich basierend auf dem Gedanken eines unerreichten Ideals. Dasselbe gilt für Quadrate, Rechtecke, Dreiecke, Kegel und Pyramiden. Man sollte mit diesen Formen experimentieren,

sie aufbrechen und verschieben, bis exakt das Maß an Disharmonie gefunden ist, das auf die vollkommene Harmonie verweist.

Manche Pflanzen bieten sich dafür besonders an. Die Korkenzieherweide etwa bildet einen aufregenden Kontrast zu einer schlanken hohen Vase; es wirkt, als seien alle Formen außer Kontrolle geraten, und ist ein solches Arrangement richtig platziert und hat genügend Spielraum, kann der Schattenwurf auf eine Wand den Effekt noch zusätzlich unterstreichen. Licht und Schatten lassen sich genauso einsetzen wie Farben – sie brauchen nur ausreichend Platz. Je voller ein Zimmer, desto weniger gelangt das Ganze zur Geltung. Da Weideruten ausgesprochen geschmeidig sind, kann man sie um andere Objekte herumbiegen, und als lineare Pflanze eignet sich die Weide zudem zur Andeutung von Bewegung – fließenden Wassers etwa oder vulkanischer Aktivitäten. Herrlich ist auch die Vorstellung eines Wasserfalls oder einer Fontäne. Ähnlich und doch ganz anders lässt sich übrigens mit Hauswurz *(Sempervivum)* arbeiten.

So wie Blumen zur Blüte kommen und Samen ansetzen, können auch Ideen blühen und Früchte tragen. Und bei Gefühlen ist es nicht anders.

Hightech-Orchideen

Hier geht es mir darum, die Dinge so zu zeigen, wie sie wirklich sind – nicht die funktionalen Teile zu verstecken und dem Betrachter nur die hübsche Fassade zu präsentieren. Diese *Phalaenopsis* sind – Wurzeln inklusive – dem Blick vollständig preisgegeben. Die durchsichtige Vitrine kann aus Glas oder Kunststoff sein; allerdings ist es weitaus schwieriger, Glas zu bearbeiten und u. a. die Löcher zu bohren, die für die aus Aluminium, Edelstahl oder Kunststoff gefertigten Haltestangen nötig sind. Ziel dieses modernen Displays ist, die Orchideen in ihrer ganzen exotischen Schönheit zur Schau zu stellen. Zudem vermittelt das Arrangement ein Gefühl von Bewegtheit – das Auge des Betrachters wird auf die Biegung der Blütenstiele gelenkt, die erst aufwärts streben, um sich anschließend in einer Kaskade wieder zu neigen. Auch die Querstangen, denen der Blick wie Treppenstufen nach oben folgt, vermitteln ein Gefühl des Aufsteigens.

Diese herrlichen *Phalaenopsis* mit ihren mannigfaltigen Rosa- und Violetttönen lassen sich in der Vitrine ganz unterschiedlich dekorieren und man kann sich dann an der Perfektion dieser exotischen Schönheiten erfreuen.

Blumen der Leidenschaft

Ist man eins mit der Natur, ist man in der Lage, höhere Wahrheiten zu erkennen. Nichts bringt diese emotionale Nacktheit klarer zum Ausdruck als eine Passionsblume, deren weit geöffnete Blütenblätter ihr Innerstes freilegen. Eine solche Preisgabe verdient Achtung, und um der Natur den ihr gebührenden Respekt zu zollen, sollten nur geziemende Materialien verwendet werden. Die Tonvase ist von jahr-

millionenalten Steinen umgeben. Verschiedene Passionsblumenarten *(Passiflora)* repräsentieren die Vorstellung überfließender Emotionen. Die Stängel der Blumen sind geschwungen wie zarte Gefühle, und wenn man die Triebe lange genug schneidet, ist es möglich, den Eindruck einer optischen Umarmung entstehen zu lassen. Für den letzten Schliff sorgen winzige Seidenpflanzen *(Asclepias)*.

Zärtliche Gefühle sind geschwungen wie die Wellen des Meeres und die Triebe dieser exquisiten Passionsblumen, die sich in süßer Umarmung vereinen.

Blumenbild

Da jede Blume anders ist und die Leinwand der Fantasie keine Grenzen kennt, sind auch die Möglichkeiten, ein Blumenbild zu komponieren, schier endlos. Lauscht man der Geometrie der Natur, wird sie Rat gebend zur Seite stehen. Dieses Arrangement illustriert den Reichtum der Natur und sollte als Bild an die Wand gehängt werden.

Die einzelnen Bestandteile lassen sich unterschiedlich zusammenstellen, was ein Gefühl implizierter Bewegtheit vermittelt. Orange und gelbe Rosen und Nelken (Dianthus) sind mit Tulpen, grünem Mauerpfeffer (Sedum) und Muschelblumen (Molucella laevis) zu einer Fülle frischer Farben kombiniert, die das Herz in Frühlingslaune bringen.

Je näher man diese Farb- und Formenfantasie betrachtet, desto mehr wächst das Staunen.

Rosa ›Milva‹

Dianthus ›Prada‹

Rosa ›Startrix‹

Tropische Früchte und Mauerpfeffer

Das Herz einer Blume

Blickt man in das Herz einer Blume, wird man von Freude erfüllt und bald gelangen lichte Gedanken auch in den Kopf. Blumen schenken Stärke und Inspiration. In einem von hellen Farben dominierten, sparsam möblierten modernen Raum setzen Kalla (Zantedeschia) dramatische Akzente. Besonders apart wirken die fließenden Formen und Farbübergänge zwischen Gelb und dunklem Rotviolett vor den starren Geraden dunkelgrüner Fächerpalmwedel (Livistona), die wie plissiert erscheinen. Damit das gesamte Arrangement nicht zu dominant wirkt und um die harten Linien der Palmwedel ein wenig zu brechen, sind einige Blätter Neuseeländer Flachs (Phormium) eingefügt, die teils tentakelartig aus der Komposition herausragen, teils locker herabhängen. Kalla halten etwa eine Woche; man sollte aber nur die Blütenstiele verwenden, da die Blätter nach dem Schneiden kein Wasser aufnehmen können und entsprechend rasch welken.

Die fließenden Linien des Neuseeländer Flachses (Phormium tenax) verleihen dem denkbar schlicht präsentierten Gesteck einen eigenen Rhythmus.

Kalla (Zantedeschia)

Neuseeländer Flachs (Phormium)

Silberschatz

Diese zwei Skulpturen bilden ein Paar, dessen Beziehung von Spannung und Bewegtheit geprägt ist, was beider Reinheit unterstreicht. Blumen sind in dieser Hinsicht wie Menschen: In Isolation werden sie kaum ihr volles Potenzial entfalten. Viele Leute glauben, Blumenskulpturen zu erschaffen sei schwierig. In Wahrheit ist es schwierig und einfach – wie alles im Leben, in der Kunst und im Zen. Sobald man etwas Übung und Erfahrung und dadurch auch Selbstvertrauen gewonnen hat, kann es richtig Spaß machen. Dieses Objekt basiert auf positiven und negativen Formen und spielt damit auf die Beziehung zwischen männlichem und weiblichem Prinzip an, das Yin und Yang der chinesischen Philosophie. Zwei ineinander passende nierenförmige Schwammstücke symbolisieren Mann und Frau. Beide werden mit schimmernden Silberbaumblättern (Leucadendron argenteum) ummantelt und schließlich mit weißer Brunia und violettem Halskraut (Trachelium) geschmückt. Achten Sie darauf, die beiden Stücke unterschiedlich zu dekorieren, denn bekanntlich spielt der »kleine Unterschied« eine große Rolle und die beiden Skulpturen sollen einander umwerben.

Sie brauchen:
- Steckschwamm
- Messer
- Wickeldraht
- Drahtschere
- Schere
- Silberbaumblätter
  (Leucadendron argenteum)
- Brunia albiflora
- Halskraut (Trachelium)

1 Aus gut gewässertem Steckschwamm zwei einander ergänzende Formen zuschneiden. Kleine Stückchen Wickeldraht vorbereiten, in Haarnadelform biegen und damit die Silberbaumblätter befestigen. Jeweils von unten beginnend, die beiden Skulpturen nacheinander arbeiten.

2 Die beiden blätterverkleideten Formen nebeneinander legen. Wie Sie die beiden gestalten und in welcher Beziehung Sie sie zueinander setzen, bleibt völlig Ihnen überlassen. Dekorieren Sie die Skulpturen mit beliebigen Mustern, beginnen aber am besten mit Brunia albiflora.

3 Weitere Brunia hinzufügen, dazwischen violettes Halskraut stecken, das interessante Akzente setzt.

4 Sind beide Skulpturen fertig dekoriert und Sie haben entschieden, wie Sie sie zueinander platzieren, können gegebenenfalls noch übrige Blätter und Triebe für weiteren »Kopfputz« verwendet werden.

Kühle Energie

Dieses Arrangement aus Lilien und Venusschuhorchideen *(Paphio-pedilum)* liegt, fast vollständig von Wasser bedeckt, in einer Klarglasschale. Gibt es etwas Einfacheres? Dennoch birgt gerade diese Komposition mindestens drei Elemente, ohne die kein Leben denkbar wäre: Luft, Wasser und Licht. Und indem diese das Gefäß durchziehen, entsteht ein Gefühl von Bewegtheit. Durch das Glas fallendes Licht enthüllt eine Blütenfülle in den faszinierendsten Farben: prachtvolle Rosa- und Rottöne, zarte Gelbnuancen und verschiedene Schattierungen von Grün und Weiß. Das Ganze scheint aus sich heraus zu pulsieren und sendet Wellen der Schönheit und Güte aus.

Aus der Kühle eines mit Wasser gefüllten Glases heraus vibriert dieses Arrangement aus Orchideen und Lilien vor lebensspendender Energie.

Vergänglichkeit

Nicht wie viel Zeit man mit etwas verbracht hat, zählt,

sondern wie man diese Zeit verbracht hat.

SEI

Florale Stillleben

In diesem Kapitel geht es um Stille. Was *Sei* oder Stille besitzt, ist schön und erquickend, klar und offen, aber selbst diese Reinheit ist vergänglich, wie alles vergänglich ist: Blumen und Bäume, Steine und Berge – alles gelangt irgendwann zu seinem unbekannten Ende. Das Wissen um die Zufälligkeit und Flüchtigkeit ist in Zen sehr ausgeprägt. Und die Endlichkeit aller Dinge, der großen wie der kleinen, senkt schmerzliche Wehmut über alles, sodass ein sterbender Stern gleichermaßen bewegt wie eine welkende Blume.

Die Erschaffung eines Kunstwerks

Das Wissen um die Unbeständigkeit der Welt macht uns empfänglich für die Dynamik einzelner lebender Dinge, und wenn wir etwas erschaffen, spüren wir seine Schwingungen in der Zeit, das sanfte Wogen seiner Existenz. Schnittblumen sind wunderschön, zart und vergänglich. Auf einem Gemälde jedoch verlängert sich ihr flüchtiges Sein auf unbestimmte Dauer und ein kunstvoll ausgeführtes Blumenstillleben vermag sogar den Augenblick blühenden Lebens festzuhalten. Dieser Überzeitlichkeit wegen versuchen wir Arrangements zu kreieren, die die Aura der alten Meister besitzen.

Die Komposition eines solchen Blumenkunstwerks will allerdings sorgfältig überdacht sein. Dazu gehört, dass man Farbe und Struktur des Hintergrunds ebenso in das Konzept einbezieht wie Farben und Texturen der Objekte, die auf dem Bild gezeigt werden. Ausgewogenheit von Form, Farbe und Textur ist niemals Zufall. Ganz gleich, wie natürlich und spontan das fertige Arrangement schließlich wirkt – der Künstler muss jeder Einzelheit ernsthafte Aufmerksamkeit zollen.

RECHTS OBEN **Das Braunviolett der Bananen schafft einen idealen Übergang zwischen den Orchideen und dem Hintergrund.**

LINKS **Fackellilien (Kniphofia) und Glockenblumen (Campanula) sind die einzigen Bestandteile dieses Blumenkunstwerks.**

Selbstverständlich darf diese Erkenntnis nicht auf Kosten der Kreativität gehen, denn das Geheimnis der Blumenkunst liegt darin, einfach den Blumen bzw. dem eigenen Gefühl zu folgen. Wie bei allen Kunstformen ist Technik allein nicht genug; es reicht nicht aus, bestimmte Regeln zu lernen. Damit wäre zudem der Sinn des Ganzen verfehlt. Das A und O bei einem Blumenarrangement ist schließlich, den eigenen Gefühlen freien Lauf zu lassen.

Will man Blumenarrangements im Stil des Zen herstellen, lohnt sich eine Betrachtung des *Mandala,* des buddhistischen Symbols für das Universum, und seiner japanischen Version, des *Mandara,* unter besonderer Berücksichtung des speziellen Gefühls für Form und die Mannigfaltigkeit der Farben und Texturen in der traditionellen japanischen Kunst. Als Grundthema für die Komposition eignen sich eine Jahreszeit, eine Geschichtsepoche, eine antike oder moderne

Stilrichtung. Bei einem Herbstbild zum Beispiel sollte man als Erstes in Ruhe darüber nachdenken, welche Assoziationen man damit verbindet. Für mich ist der Herbst eine Zeit der Kontemplation, des Nachdenkens über die irdische Existenz, zumal die Pflanzen jetzt Form und Farbe wechseln und sich letztlich vom Leben zurückziehen – ein Memento unserer eigenen Sterblichkeit.

Für zeitgenössische Blumenstilllleben in der Tradition des Zen bieten sich schlichte, einfarbige Gefäße in gefälligen Formen an. So erhält das Arrangement einen modernen Touch. Außerdem empfiehlt es sich, die Zahl der Blumen zu beschränken, jeder einzelnen Blüte Aufmerksamkeit zu schenken und genau über die Kombination nachzusinnen. Ein schlichtes, aber schönes Bild lässt sich beispielsweise mit einer einzelnen Blumenreihe vor einfarbigem Hintergrund erschaffen. Hier liegt die Kunst in der Beschränkung, ohne dass das Ergebnis deswegen kalt oder streng erscheinen müsste. Um Volumen und Form der einzelnen Blumen im Verhältnis zueinander und als Gesamt-

OBEN RECHTS UND LINKS **Ein einzelnes Blatt auf einer kleinen weißen Schale und eine schlichte schwarze Vase mit gelblich braunen Nelken** *(Dianthus ›Terra Nova‹)* **ergeben ein Stillleben, wie es schöner nicht sein könnte.**

heit einschätzen zu können, sollte man das Design zuvor planen und aufzeichnen. Es dauert nicht lange, bis die Blumen und anderen Objekte anfangen, zum Arrangeur zu »sprechen«.

Nicht nur die Pflanzen, auch alltägliche Gegenstände wie Gläser, Blumentöpfe und Kerzenleuchter erlangen Dekorationsstatus, sobald man ihnen die Sorgfalt und Aufmerksamkeit angedeihen lässt, die jedem Ding zusteht. Man beginnt, die Stimmen der Objekte zu vernehmen, ihre Sprache zu verstehen, und ein einfacher Entwurf wird zu einem Kunstwerk.

Umweltverschmutzung und anderen Übeln zum Trotz ist es möglich, die Reinheit der einfachen Dinge wieder zu entdecken. Man braucht dazu nur einen Augenblick innezuhalten und sich umzusehen, bewusst umzusehen. Dies allein kann ausreichen, jenes Elixier zu finden, das dem Alltag seine Öde nimmt.

Zauber des Augenblicks

Fühlt man sich desorientiert, sollte man einen Augenblick lang innehalten, tief durchatmen und versuchen, sich selbst aus einer gewissen Distanz zu betrachten: Man sieht, wie man wirklich ist, und alles ist wieder in die richtige Perspektive gerückt. Auf ähnliche Weise kann man auch einen Blick auf andere Dinge werfen und deren Wahrheit erfassen. Eben dieses versuche ich in meinen Blumenarrangements. Hier habe ich Blumen und Früchte in einer schwarzen Korbschale dekoriert und auf einer schlichten, aber ausdrucksstarken antiken Kommode platziert, sodass sie wie ein Element femininer Sorglosigkeit auf einem Möbel zuverlässiger Maskulinität zu ruhen scheinen. Sofern man kein dezidiert modernes Bild kreieren will (in diesem Fall sollte man sich auf Pastelltöne oder nur eine Farbe beschränken), empfehle ich eine Kombination mit dunklen, rustikalen Tönen, vor denen der Farbreichtum besonders prächtig zur Geltung kommt.

Saftige reife Früchte wie Pflaumen, Trauben und Johannisbeeren sind mit Artischockenknospen, violetten Rosen, Mohnkapseln, Hauswurz und einer einzelnen Schlauchpflanze (Sarracenia) sowie eleganten Wein- und Pelargonienblättern kombiniert.

Herbstruhe

Im Herbst wechseln die Pflanzen ihre Form und Farbe; sie gemahnen uns an unsere Sterblichkeit und wir sinnen über das irdische Dasein nach. Es ist eine melancholische Jahreszeit, die dazu einlädt, sich mit gedämpften Farben zu umgeben. Man arrangiert die Blumen in dem Bewusstsein der Vergänglichkeit aller Dinge und spricht ein stilles Dankgebet, dass bald ein neuer Frühling kommen wird. Einige kühle Töne zollen dem nahenden Winter Tribut. Für dieses Stillleben habe ich als Kontrast weiße Hortensien und eine dunkle Messingschale gewählt, das Herz aber bilden Granatäpfel, die Fruchtbarkeit und Erntezeit repräsentieren. Ihre Haut spiegelt perfekt den Übergang von Grün über Gelb zu einem satten Rotbraun – Symbol der Abkehr vom Sommer und der Hinwendung zum Winter. Dem Sommer Adieu sagen auch die Duftwicken *(Lathyrus odoratus),* die der schweren Form der Granatäpfel zauberhafte Leichtigkeit entgegensetzen.

Dieses herbstliche Arrangement und der hübsch bezogene Lehnsessel laden zu einer entspannenden Ruhepause ein.

Spiel mit den Gefühlen

Ist der Winter vorüber und kehrt die Wärme zurück, rühren Frühlingsblumen an unser Herz. Jeder neue Tag sollte gefeiert werden, und das am besten mit einem Arrangement aus Frühlings- und Sommerblumen. Dieses Gesteck mag einfach aussehen, da man aus einer Vielzahl von Blumen wählen kann, ist aber wohl durchdacht: Mohnblüten (Papaver) und Artischocken (Cynara scolymus) bilden das Grundgerüst, dazwischen werden andere Arten eingefügt. Während der Mohn Glanzlichter setzt, wirken die gedämpften Töne der Artischocke beruhigend, eine Stimmung, die die blassrosa Stern-

Mohn (Papaver)

Artischocke (Cynara scolymus)

Artischockenknospe

Große Sterndolde (Astrantia major)

dolden (Astrantia major) noch unterstreichen. Hat das Arrangement das gewünschte Mindestvolumen, kann man aus der Fülle der Artenvielfalt schöpfen und Skabiosen (Scabiosa), Lotossamenstände, Hortensien (Hydrangea) und blaue Schneeballbeeren (Viburnum) hinzufügen. Man sollte immer das Farbkonzept des gesamten Gestecks im Auge behalten, und sollte das Ganze zu bunt wirken, kann man die leuchtendsten Farben mit viel Grün dämpfen.

OBEN **Frühlings- und Sommerblumen spielen auf der Gefühlsklaviatur und schlagen heitere Noten an.**

Schwarze Versuchung

Wie alle Lebewesen können Blumen Leidenschaft entfachen, gleichzeitig gemahnt Blumenkunst aber auch an die Vergänglichkeit alles Irdischen. Die tiefen Farben dieses Arrangements markieren den Versuch, das wahre Wesen der Alltäglichkeiten einzufangen, die wir für selbstverständlich halten. Obst wird als etwas angesehen, das ganze Supermarktregale füllt, das wir kaufen und essen oder unter Umständen wegwerfen. Wenn man die sinnlichen Formen und satten Farben von blauen Trauben, reifen Pflaumen und schwarzen Johannisbeeren jedoch einmal genau betrachtet, wird man anfangen, die Schönheit und Vergänglichkeit allen Lebens zu begreifen. Was Blumen angeht, vermag vermutlich keine dieses Gefühl so zu vermitteln wie die Schokoladenkosmee *(Cosmos atrosanguineus)*, deren samtige Blüten mit einem tiefen Rotbraun bestechen.

Schokoladenkosmee *(Cosmos atrosanguineus)*

Diese wunderschönen schokoladebraunen Kosmeen sind sehr naturnah arrangiert und sprechen für sich selbst.

Pflaumen, Trauben und Brombeeren

Endliche Existenz

Nichts dauert ewig. Alles Irdische wird irgendwann vergehen. Bedenken Sie bei der Gestaltung von Blumenstillleben immer die Endlichkeit, die Vergänglichkeit aller lebenden Dinge, insbesondere der Pflanzen. Blumenarrangements halten naturgemäß immer nur kurze Zeit; planen Sie deshalb Ihr Gesteck möglichst sorgfältig, bevor Sie darangehen, es in die Tat umzusetzen. Bei diesem Arrangement sollten Sie zunächst alle nicht-floralen Bestandteile herrichten: die Steinplatten, die Steinvase und die kleine schwarze Dose. Überlegen Sie dann, was Sie wo platzieren und in welchem Winkel die Blumen stehen sollen. Erst wenn Sie sich bildhaft vorzustellen vermögen, wie zauberhaft die violette Gloxinie auf dem Steintablett bzw. in der Steinvase aussehen wird, dann – und erst dann – sind Sie bereit, das Projekt in Angriff zu nehmen.

Sie brauchen:
- elfenbeinweiße Steinplatte
- schwarze polierte Kiesel
- quadratisches Steintablett
- Steinvase
- schwarze Dose
- Schere
- 2 schwarze Avocados
- 2 Sansiverienblätter
- 3 Topfgloxinien
- Mauerpfeffer *(Sedum)*
- *Xylomelum occidentale*

1

2

3

4

1. Die elfenbeinweiße Steinplatte an den gewählten Platz setzen und mit polierten schwarzen Kieselstein umgeben. Dann das Steintablett etwas links von der Mitte darauf stellen und schräg dahinter die Steinvase platzieren.

2. Betrachten Sie die Komposition von verschiedenen Seiten und legen Sie die Avocados an die Stelle, die Ihnen am geeignetsten erscheint.

3. Die Sansiverienblätter in die Steinvase stecken. Ermitteln Sie ein ausgewogenes Verhältnis zwischen den beiden Gloxinien, die auf das Tablett kommen, und jener, die für die Vase gedacht ist. Zwei Pflanzen an passender Stelle auf das Tablett stellen. Eventuell die Avocados entsprechend umpositionieren.

4. Die dritte Gloxinie aus dem Topf nehmen, Wurzeln abwaschen und zu den Sansiverienblättern in die hohe Steinvase stecken. Überdenken Sie noch einmal die ganze Komposition und ergänzen Sie falls nötig weitere Gloxinienblüten. Zuletzt das Bild mit *Xylomelum occidentale* (»Holzbirne«) und Mauerpfeffer abrunden und das schwarze Döschen auf die helle Steinplatte stellen.

In der Stille

Die Inspiration zu diesem Gesteck bezog ich von den alten Meistern, die genau wussten, wie man einen vergänglichen Augenblick festhält. In einem absichtlich antik gehaltenen Ambiente wird eine Farbpalette satter Töne präsentiert, verkörpert durch Blumen und Früchte. Roter Hahnenkamm *(Celosia),* cremeweiße Zierkürbisse, rötlich-gelbe Pfirsiche, Trauben, Blau- und Himbeeren sowie eine Ananas zeigen sich vor rustikaler Kulisse. Mein Ziel war, den Blick des Betrachters auf einen Punkt zu lenken, der in konventionellen Arrangements einen »toten Winkel« bildet: die linke untere Ecke des Bilderrahmens. Normalerweise würde niemand dieser Rahmenecke Aufmerksamkeit schenken. Für jeden Menschen gibt es einen Platz, an dem er blühen und gedeihen kann – es muss nicht immer im Mittelpunkt sein.

Die satten Farben der Blüten und Früchte bringen Leben in die Ecke des antiken Bilderrahmens.

Blaue Stunde der Nostalgie

Der Mensch versucht Erinnerungen

zu schönen und sie wie einen kostbaren Schatz

in seinem Herzen zu bewahren. Warum?

MANDALA

Blumen-Ikonen

Das buddhistische Mandala ist eine kosmische Karte,
ein Diagramm des heiligen Bezirks, in dem die Erleuchtung
stattfindet. *Manda* bedeutet so viel wie Wesen, *la* heißt
erreichen, und folglich ist Mandala ein Symbol des
Zustands des zum wahren Wesen Erwachtseins.
Mandalas sind nicht einfach nur Kunstwerke, sondern
Ikonen, Werke sakraler Kunst – heilige Artefakte, denen
Götter innewohnen. Die Blumenarrangements dieses
Kapitels basieren auf ikonografischen Formen des
Esoterischen Buddhismus wie Quadrat oder Kreis.

Die Bedeutsamkeit der Form

Um das Jahr 450 v. Chr. ließ sich Siddhartha Gautama – der Shakya-muni Buddha – unter einem Baum nieder und meditierte 49 Tage und Nächte lang, da er gelobt hatte, sich nicht eher von diesem Platz zu erheben, bevor er nicht die »innere Wahrheit« erfahren habe. Hier fand er Erleuchtung, und Anhänger seiner Lehre verehren den *Bodhimanda* genannten Ort, wo er saß, als heilig. Noch heute markieren tibetische Mönche vor Ausübung ihrer Glaubensriten mit farbigem Sand einen Kreis auf dem Boden und erstellen ein heiliges Diagramm. Danach

LINKS **Dieser stumpfe Kegel aus dunkelroten Rosen erhebt sich mittig über einem mit Kamelienblättern verkleideten Würfel – eine abstrakte Version des buddhistischen Mandala.**

RECHTS OBEN **Auf kleinen Silber-schalen gewinnen Früchte mit leicht schimmernder Haut überraschende Präsenz.**

RECHTS UNTEN **Feigen verfügen über eine sinnliche Ausstrahlung. Ein Spiegel vervielfäl-tigt ihre Wirkung.**

kehren sie den Sand fort und lassen den Ort unbefleckt zurück. Die Scheibe, ein rundes Diagramm mit geweihtem Zentrum, ist eine Form des Mandala.

Ein Mandala kann dreidimensional sein, wobei eine Statue oder ein sakrales Objekt die heilige Stelle markiert; die meisten Mandalas in Schreinen und Tempeln sind jedoch Gemälde. Sie zeigen Bilder von Göttern in Menschengestalt oder symbolhafte Formen, bisweilen auch Sanskrit-Schriftzeichen, die heilige Figuren repräsentieren. Obwohl diese Mandalas zweidimensional sind, soll die Imaginationskraft sie in räumliche Bilder heiliger Orte verwandeln. Der Gläubige beginnt mit einer Art Karte, die er im Verlauf der Kontemplation umgestalten muss.

Der Einsatz von Mandalas als Meditationshilfe ist typisch für den Esoterischen Buddhismus, der im 6. Jahrhundert nach Japan gelang-te und gute dreihundert Jahre lang vorherrschte. Die esoterischen Mandalas, die entweder Kreise oder Quadrate zeigen und von einem zentralen heiligen Punkt ausstrahlen, wurden 805 n. Chr. von Kukai, einem japanischen Mönch, der in Chang'an bei dem chinesischen Meister Huiguo studiert hatte, nach Japan gebracht. Kukais Lehre und dieser Wissensaustausch sind ein Musterbeispiel von Synkretismus, der gegenseitigen Befruchtung im religiösen wie im kulturellen Bereich. Kukai brachte eine sehr charakteristische Form sakraler Kunst nach Japan, wo sich das panasiatische Mandala zum typisch japanischen Mandara entwickelte.

Alle Mandalas, seien sie pan-asiatisch oder japanischer Prä-gung, haben die primäre Funktion, als Anregung und Hilfe für eine spi-rituelle Reise zu dienen. Dahinter steht der Gedanke, dass der Pilger sich körperlich wie geistig aus seinem Alltag löst. Im Falle esoterischer Mandalas passieren die Pilger Tordurchgänge oder Brücken, beide häufig von dämonischen Masken bewacht, die die Aufgabe haben,

böse Geister abzuschrecken. Sie durchwandern die äußeren Höfe und Hallen, bevor sie ins kosmische Reich vordringen, wo sie, im Herzen des Mandalas wie des Universums, mit dem Gott oder den Göttern in Verbindung treten. Hier suchen und finden die Gläubigen höchste Wahrheit.

Einer der Beweggründe, die zur Errichtung des Esoterischen Buddhismus führten, war der Protest gegen die in orthodoxen Texten festgeschriebene Aussage, es sei unmöglich, im Verlauf eines menschlichen Lebens Erleuchtung zu erlangen. Die Esoteriker glaubten an die drei Mysterien von Körper, Sprache und Geist und argumentierten, dass man auch über sinnliche Eindrücke Erleuchtung finden könne – über *Mudras* genannte Körperriten, *Mantras* genannte Sprachriten und geistige Rituale, die mit *Mandalas* arbeiteten. Dringt der Pilger ins Herz des Mandalas vor und vereinigt sich mit der wahren Buddha-Natur, fallen die Schranken zwischen dieser und der heiligen Welt, und der Zen-Anhänger vermag Erleuchtung zu finden.

Meine Entwürfe sollen eine kleine Huldigung an Kukai sein, ein kleiner Fingerzeig in seine Richtung. Sie spiegeln die quadratischen und kreisrunden Motive eines Mandala und bieten, so hoffe ich, die Möglichkeit, im Heim eine Oase der Ruhe zu schaffen.

Seidiges Rotorange

Japan liegt am Ende der Seidenstraße, jener sagenumwobenen alten Handelsroute, über die die Völker Asiens nicht nur Waren, sondern auch Ideengut tauschten. Heute ist das Mandala nur mehr in Nepal, einigen Teilen Tibets und in Japan verbreitet. Als Symbol für die Seidenstraße und die Ankunft des Mandala in Japan sind hier fünf Silberbecher aufgereiht. Der monochromen Regelmäßigkeit der Gefäße entsprechend wurde nur eine einzige Blumenart verwendet: die Seidenpflanze *(Asclepias),* aus deren zarten Blüten ich für jeden Becher einen kleinen Strauß gebunden habe. Das Arrangement steht im Badezimmer, weil dieser Ort ideal geeignet ist, zu entspannen und über die Geschichte Asiens zu kontemplieren. Allein der Gedanke an die ungezählten Kaufleute, die im Laufe der Jahrtausende über die Seidenstraße zogen, macht schwindelig. Wo sind sie heute? Derartige Überlegungen mäßigen Gefühle von Hochmut und Selbstgefälligkeit.

Aus nur einer Blumenart – in diesem Falle Seidenpflanzen – wurden einfache Bouquets arrangiert, bei denen allein durch verschiedene Töne derselben Farbe anmutige Vielfalt ins Spiel kommt.

Paradoxon

Dieses Arrangement basiert auf einem Koan, einem philosophischen, rational nicht lösbaren Rätsel, das den Geist des Zen-Schülers auf die Reise zur übergegensätzlichen Wirklichkeit vorbereiten soll. Zum Beispiel gibt es keine logische Antwort auf die Frage »Wie klingt das Klatschen einer Hand?«, weil diese Frage paradox ist. Dennoch wirkt sie stimulierend: Worum handelt es sich bei diesem Hören und Sehen, diesem Klatschen, dieser Bewegung, die einzig im Kopfe existiert? Derartige Fragen regen an, neue Denkkonzepte aufzutun, und man beginnt nachzusinnen über die grenzenlose Freiheit der menschlichen Fantasie. Dieses Design symbolisiert die Geburt einer paradoxen Idee, indem es Licht aus Blüten entspringen lässt. Rein ästhetisch gesehen, bestechen die tiefvioletten Blüten der Prunkwinde *(Ipomoea)* in Kombination mit Grün und schimmerndem Silber. Wird das Ganze von hinten beleuchtet, kommt ein wahrhaft magischer Effekt hinzu.

Das Licht, das dieses Arrangement von hinten erhellt, symbolisiert die Geburt eines paradoxen Gedankens.

Die Karte des Mandala

Das Mandala ist eine kosmische Karte, ein Diagramm des heiligen Bezirks, in dem man Erleuchtung findet. Als Symbol dafür basiert dieses Gesteck auf der großen Kreisform der Sonnenblume *(Helianthus)*, und um die dunkelbraune Scheibe im Herzen der Blüten zusätzlich zu betonen, habe ich die gelben Kronblätter entfernt und nur den grünen Kelch stehen lassen. Als Gegenpol zu dem Rund der Sonnenblume, dem Grundmotiv, wurden dann lineare Pflanzen – Bambusrohr und Stiele des Zypergrases *Cyperus alternifolius* – hinzugefügt. Wegen sei-

Sonnenblume *(Helianthus)*

Fuchsschwanz *(Amaranthus caud.)*

Bambus und Zypergras **Ingwer *(Zingiber zerumbet)***

ner starken Ausstrahlung braucht der Bambus einen gewissen Ausgleich, für den Blüten des Gartenfuchsschwanzes *(Amaranthus caudatus)* und orange Eukalyptusbeeren sorgen. Limonengrüner Ingwer *(Zingiber zerumbet)* setzt weitere interessante Akzente und verbindet die kontrastierenden Hauptmotive: Im Gesamtbild dominiert zwar die runde Kreisform, unterdrückt die anderen Elemente aber nicht.

Seiner gelben Blütenblätter beraubt, korrespondiert das kreisrunde rotbraune Herz der Sonnenblume perfekt mit dem bräunlichen Hintergrund.

Die Komposition des Mandala

Jedes Mandala illustriert ein anderes Charakteristikum Buddhas und keines gleicht dem anderen; sie werden nach klar definierten Richtlinien gezeichnet und systematisch arrangiert. Bei diesem Mandala-Blumengesteck gibt eine schwarze, leicht bauchige Vase die Grundform vor. Die Pflanzen wurden nach Blütendichte und dem Schwung ihrer Linienführung ausgewählt, wobei sich das tiefe Rot der Pelargonien höchst apart von dem Dunkelgrün des Bronzeblatts *(Galax)* abhebt und eine Verbindung zwischen den Hauptfarben und dem leuchtend-transluzenten Hellrot der Johannisbeeren schafft. Die Kombination aus stattlicher Vase und kompakter Blumenmasse scheint Kraft und Energie auszustrahlen: Das Mandala wurde für einen bestimmten Zweck erschaffen und sollte entsprechend genutzt werden.

Um prägnante Unterschiede in Form, Farbe und Struktur zu finden, braucht man nicht viele Pflanzen. Die schwarze Vase harmoniert wunderschön mit einem Glastisch und dem schwarzen Ledersessel. Schlichte Formen sind Voraussetzung für den Minimalismus.

Herbstliche Reife und Melancholie

Die dezente Farbabstufung der Trauben lässt Gefühle von Wärme, Saftigkeit und lieblichem Geschmack aufsteigen. Reifes Obst und seine Assoziierung mit der Erntezeit im Herbst weckt häufig Nachdenklichkeit und sogar leise Melancholie. Da Trauben rund sind, eignen sie sich wunderbar als Repräsentation des Mandala. Ich habe sie mit grünen Mohnkapseln (Papaver) kombiniert, um das Kreismotiv zu unterstreichen, das allen esoterischen Mandalas eigen ist. So gelang es, verschiedene verwandte Konzepte verschmelzen zu lassen. Nun werden Reife und Melancholie nicht nur mit den Früchten des Herbstes in Verbindung gebracht, sondern auch mit religiösen Gefühlen – zur Übung sowie als Ausdruck solcher Emotionen war das Mandala ursprünglich konzipiert. Auch das Rechteck, auf dem das Gesteck steht, nimmt Bezug auf das Mandala, da dessen ikonische Form ebenfalls in sämtlichen esoterischen Mandalas vorkommt.

Diese zwei Arrangements, die beide voller Lebenskraft stecken, ziehen sich in ihrer Gegensätzlichkeit an.

Gegensätze ausgleichen

Esoterische Mandalas – oder Mandaras, wie sie in Japan heißen – bestehen aus Kreisen, wobei das Rund gewöhnlich innerhalb eines Quadrates liegt. Für ein entsprechendes Blumenarrangement sollten Sie deshalb den Kreis als Grundmotiv wählen. Bei diesem Beispiel gibt das dunkelbraune Herz der Sonnenblume *(Helianthus)* die Form an. Ein quadratischer Tisch bildet die Grundfläche, darauf steht eine Kugelvase in genau der richtigen Größe. Somit wäre die wichtigste Voraussetzung jedes floralen Zen-Arrangements erfüllt, derzufolge die richtigen Materialien und Formen kombiniert werden müssen. Bei der Wahl der Vase gilt es zudem, die Blütenfarbe zu berücksichtigen. Beachten Sie, dass die Blumen in diesem Fall sowohl helle als auch dunkle Töne zeigen, weshalb die Farbe der Vase besonders sorgfältig ausgesucht sein will. Rot ist ein Symbol der Lebenskraft und darf als solches nur gezielt und auf keinen Fall willkürlich eingesetzt werden.

Sie brauchen:
- Kugelvase
- Schnur
- Schere
- 1 Philodendronblatt
- braune Sonnenblumen *(Helianthus)*
- Perückenstrauch *(Cotinus)*
- Gartenfuchsschwanz *(Amaranthus caudatus)*
- Eukalyptusbeeren

1 2 3 4

1　Die mit Wasser gefüllte Vase mittig auf das quadratische Tischchen stellen. Auf der linken Seite ein Philodendronblatt arrangieren.

2　Sorgfältig die Stiellänge der Sonnenblumen austarieren. Die Stängel zusammenbinden (die Schnur unter den Blütenköpfen verstecken) und den Strauß in die Vase stellen. Die Höhe des Blumenarrangements darf die Vase nicht »erdrücken«.

3　Weitere Sonnenblumen einarbeiten, bis der gewünschte Effekt erzielt ist. Dann ein paar Perückenstrauchtriebe hinzufügen. Auf farbliche Ausgewogenheit achten!

4　Zuletzt die Vase mit Fuchsschwanz, Eukalyptusbeeren und weiterem Perückenstrauch dekorieren, bis Sie mit dem Ergebnis zufrieden sind.

Eine Abstraktion

Kukai war der Buddhistenmönch, der Anfang des 9. Jahrhunderts das Mandala nach Japan brachte, und insofern darf man wohl annehmen, dass er der erste Japaner war, der dem Zauber dieses Phänomens erlag. Neben der religiösen Bedeutung des Mandala dürften auch dessen logischer Zusammenhalt und die abstrakte Perfektion der Form sein Herz erobert haben.

Dieses Arrangement aus einer niedrigen runden Vase und einem sechseckigen Tisch ist streng auf abstrakte Perfektion ausgerichtet. Schlichtheit ist essenziell, Kälte aber verwerflich, weshalb der weißen Helligkeit und Transparenz ein farbintensives Bouquet entgegengesetzt werden muss. Der hier gewählte kräftig kolorierte Hahnenkamm (Celosia) besticht darüber hinaus durch faszinierende Textur. Aller scheinbaren Einfachheit zum Trotz erlaubt dieses Arrangement daher beträchtliche gestalterische Freiheit.

In einer niedrigen runden Vase arrangiert, wirken die bizarr gewellten Blütenbüschel des Hahnenkamms (Celosia) auf dem transparenten hexagonalen Tisch überaus modern.

Ewige Liebe

Alles umfassende Liebe, die ewiglich dauert,

kann nur in Herzen wohnen, die frei sind.

BASSARA

Zen-Kunst

Künstlerisches Schaffen an sich könnte als Manifestation der Natur bezeichnet werden. Schließlich sind die Grenzen zwischen der kreativen Kraft des Universums und dem menschlichen Bedürfnis, schöne Dinge herzustellen, fließend. Der künstlerische Geist ist frei. Der Künstler hat die Möglichkeit, sich eine Existenz aus dem Inexistenten aufzubauen, allein durch Intuition und Inspiration beseelt, aus dem Nichts *Bassara* – etwas Neues oder Neuartiges – zu schaffen.

Florale Inspiration

Die Inspiration kommt, wenn der Kopf frei ist und man mit dem inneren Selbst, dem inneren Universum, in Verbindung tritt. Die Möglichkeiten, unsere inneren Ressourcen anzuzapfen, sind schier unendlich. Dem modernen Zen-Mönch stehen zahlreiche im Laufe der Jahrhunderte entwickelte Konzentrationshilfen zur Verfügung, doch in den frühen Tagen der Zen-Meister gab es keine klar definierten Übungsmethoden und jeder Einzelne musste auf der Suche nach Erleuchtung in die Tiefen seines eigenen spirituellen Dunkels hinabsteigen. Auf dieselbe Art und Weise müssen wir unseren Weg durch den finsteren Wald menschlicher Erfahrung finden. Und sofern wir uns genügend anstrengen – und Glück haben! –, werden wir auf jene sonnenerleuchtete Lichtung stoßen, wo Gutes und Schönes erschaffen werden kann.

Bassara bedeutet »Neuheit«, »Innovation«, doch bei dem

Wunsch, etwas Neues zu erschaffen, ist Umsicht angesagt. Für mich sind Ganzheit, Geschlossenheit, Harmonie und Ausstrahlung unabdingbare Voraussetzung für Schönheit, und wenn ich mich auf die Suche nach Neuem begebe, mache ich zuerst einmal meinen Kopf frei und öffne mich der Realität der Dinge, denn der Reichtum der Natur ist unerschöpflich und es gibt immer etwas Neues zu entdecken. Das Neue ist da, es liegt direkt vor unserer Nase, und um es zu finden, brauchen wir nichts weiter tun als das bereits Vorhandene mit anderen Augen anzusehen. Licht und Raum, Dunkelheit und Licht, Farbe, Textur, Klang und Geruch – alles, womit die Natur in ihrer wunderbaren Mannigfaltigkeit aufwartet.

Lässt man seiner Ausdruckskraft freien Lauf, kann man die Beschränkungen des Buchstäblichen überwinden: Eine Vase muss nicht notwendigerweise eine Vase sein. Man kann stattdessen etwa aus dünnem Edelstahlblech oder einem anderen, ähnlich vielseitigen Material ein passendes Gefäß formen. Edelstahl ist für solche metaphorischen Entwürfe ausgesprochen nützlich, zum einen wegen seiner dezenten Monochromie, und zum anderen, weil er sich ohne größere Umstände zu recht- oder dreieckigen, zylindrischen oder konischen vasenförmigen Formen biegen lässt. Ich schätze dieses Material sehr, insbesondere in Verbindung mit Kalla *(Zantedeschia),* weil der kühle Schimmer des Metalls ungemein effektvoll mit den wunderschönen zarten Blüten und den schlanken grünen Stielen dieser Blume kontrastiert.

Kalte Brillanz erzeugt in einem Arrangement ein Gefühl von Distanz, in der japanischen Kultur als *Ma* bekannt. Nun ist die Auswahl an möglichen Materialien für Vasen und an Blumen schier unbegrenzt. Alles, was man für ein originelles Design braucht, ist folglich

GEGENÜBER OBEN
Diese Reisgarbe wurde kurz unterhalb der Ähren zusammengebunden, damit die obere und untere Hälfte möglichst ausgewogen wirken.

GEGENÜBER UNTEN
Bei diesem ausgefallenen Design steht eine Bananensäule in einer schlichten lackschwarz glänzenden becherförmigen Schale. Paradiesvogelblumen *(Strelitzia)* setzen die nötigen Akzente.

DIESE SEITE **Eine Paradiesvogelblume *(Strelitzia)* vor dunkler Kulisse deutet das Aufkeimen neuer Hoffnung an.**

Imaginationskraft – Fantasie. Man kann Blumenarrangements ganz nach eigenem Geschmack gestalten, und sofern die einzelnen Komponenten sich in Form, Farbe und Textur ergänzen, ist man immer auf der sicheren Seite. Es ist möglich, etwas gänzlich Neues zu kreieren, und man muss nicht befürchten, ins Absurde oder Lächerliche abzugleiten. Diese Blumenarrangements wirken deshalb so ungewöhnlich, weil die Aufmerksamkeit des Betrachters von den Blütenköpfen, die gemeinhin im Zentrum des Interesses stehen, abgelenkt und zugunsten der wunderschönen geraden grünen Stiele verschoben ist. In der Getreidegarbe gegenüber breiten sich die zarten Ähren von Rotem Reis genauso aus wie die kräftigen Stiele. Bei dem vertikalen Arrangement oben dagegen ging es mir primär darum, von der Norm abzuweichen. Beide Arrangements suggerieren ein Gefühl strenger Selbstdisziplin, hinter der sich Kraft und Potenz verbergen.

Exotische Vertikale

Schaut man in Ruhe, was sich als Vase für ein Arrangement anbietet, ist die einzige Voraussetzung, dass es zu den Blumen passt. Dann braucht man nur noch ein wenig Fantasie. Hier bildet ein getrocknetes Bananenblatt die Basis eines Gestecks, das auf einer antiken Truhe platziert wurde und in seiner Horizontalität der vertikalen Ausrichtung von *Heliconia* ›Sexy Pink‹ und Steppenkerze *(Eremurus)* entgegenwirkt. Die Helikonie ist eine Hängepflanze mit intensiven Rosa- und Grüntönen und eignet sich wunderbar für exotische Arrangements. Um dem Ganzen das gewünschte Volumen zu verleihen, stehen neben der Helikonie einige Steppenkerzen und *Anthurium*-Blätter. Als Tropenpflanze benötigt die Helikonie Temperaturen über 15 °C.

Heliconia ›Sexy Pink‹ und gelbe Steppenkerzen *(Eremurus)* ergänzen sich in expressiver Frische und dekorativen senkrechten Parallelen. Die Bromelienrosette *(Aechmea)* im Vordergrund scheint explosive Kraft ins Bild zu bringen.

Die Kraft smaragdenen Grüns

Man sollte nach Möglichkeit schon vor Arbeitsbeginn überdenken, wie das Endergebnis genau aussehen soll, denn mit einem klaren Bild vor Augen geht jede Arbeit deutlich leichter von der Hand. Dieses Arrangement ist der Versuch, ein Gesteck zu kreieren, das ganz im grünen Teil des Farbspektrums bleibt, wobei weiße Pfingstrosen *(Paeonia)* den Grundtenor unterstreichen. Das Bouquet sitzt auf zwei waagrechten Bambusstäben, die dem Ganzen lineare Stärke verleihen und Abwechslung in die Textur bringen. Grüne Flamingoblumen *(Anthurium),* Rosen, Kängurublumen *(Anigozanthos)* und grüne Hortensien *(Hydrangea)* mit rosa gerandeten Blütenblättern gehören ebenso zu der Komposition wie die beiden riesigen *Curcuglio-capitulata*-Blätter, die einen grandiosen Abschluss darstellen, weil sie nicht nur genau die richtige Farbe haben, sondern auch von Größe, Form und Textur her das dichte Bouquet reizvoll ausklingen lassen.

Grün in Grün und dennoch alles andere als eintönig ist dieses Arrangement, bei dem sich um einen Strauß grüner Rosen ›Emerald Green‹ gleichfalls grüne Flamingoblumen, Kängurublumen, Hortensien und Simse *(Scirpus tabernaemontani)* gruppieren.

Die Kraft der Gedanken

Ein Samen keimt, eine Pflanze wächst, treibt Blüten und gelangt schließlich zur Reife. Oder, um ein anderes Bild zu wählen: Eine Idee entspringt als schmales Rinnsal, wird zu einem Bach und schließlich einem mächtigen, alles mit sich reißenden Strom. Auch winzige, scheinbar nebensächliche Gedanken sind wichtig und verdienen es, genährt zu werden. Hier wurde eine schwere, dynamisch zum oberen Rand hin geweitete elfenbeinweiße Steinvase mit grünem Hahnenkamm *(Celosia argentea cristata)* gefüllt, dessen dichte, bizarr gewellte Blüten an das menschliche Gehirn erinnern. Diesem geheimnisvollen Organ entspringen grandiose Gedanken, und Sonneneruptionen gleich werden mächtige Emotionen freigesetzt. Was könnte eine solche Explosion besser zum Ausdruck bringen als eine riesige Helikonie, die aus dem Zentrum wächst? Die kraftvolle Wirkung dieser Kombination wird niemand bestreiten.

Schlichte, schwere Vasen passen hervorragend zu einem voluminösen, gewichtigen Design und sind typisch für Zen-Arrangements.

Blumenboot

Dieses einfache, aber höchst effektvolle Gesteck basiert auf Elementen, die zufällig bei der Hand waren. Ein langes, leicht gewölbtes Bananenblatt legte den Gedanken an ein Boot nahe – es erinnert an eine venezianische Gondel. Hat man kein Bananenblatt da, kann man selbstverständlich jedes größere, ähnlich geformte Blatt zum »Rumpf« des Bootes machen. Über dem Bananenblatt liegt ein gleichfalls sanft geschwungenes *Curculigo-capitulata*-Blatt, das die horizontale Linienführung unterstreicht. Um dem Design größtmögliche Ausdruckskraft zu verleihen, erhebt sich der senkrecht aufgestellte Zweig einer Korkenzieherweide aus der Mitte, in den – als Segel? – zauberhafte braun gesprenkelte *Cambria*-Orchideen eingefügt sind. (Um

Cambria-Orchidee

Kalanchoe thyrsiflora und **Anthurium**

deren zerbrechlich-zarte Schönheit voll würdigen zu können, muss man sie freilich ganz aus der Nähe betrachten.) Am unteren Ende des vertikalen »Masts« vervollständigen rote Flamingoblumen *(Anthurium)* und *Kalanchoe thyrsiflora* das Arrangement. Der Unterschied in Farbe, Form und Textur zu den filigranen Orchideen könnte größer kaum sein. Aus nur wenigen simplen Zutaten ist es möglich, ein Werk von wunderbarer Vielfalt zu kreieren: An diesem Punkt sollte man das Design dann auch belassen. Unzweifelhaft sind hier die klassischen japanischen Stile des Rikka-Arrangements (»stehend«) und des Seika-Arrangements (»wie gewachsen«) übernommen worden. Die Grundform des Ganzen – ein senkrechtes Element im exakten Mittelpunkt der Basis – ist typisch für diesen Stil.

Senkrecht aufragende Korkenzieherweide und ein waagrecht gelagertes Bananenblatt verleihen diesem Arrangement starke optische Präsenz. Ein elegant geschwungenes grünes *Curculigo-capitulata*-Blatt ergänzt das das braune Bananenblatt um einen lebhaften Farbakzent.

Die Asche des Glücks

Bevor wir wahres Glück erfahren können, müssen wir die Tiefen von Leid und Kummer ausgelotet haben. Diese Wahrheit ist nur Erwachsenen bekannt, und ich versuche sie durch ein in Rot, Schwarz und Silber gehaltenes Arrangement auszudrücken, das für das Wohnzimmer einer Stadtwohnung konzpiert ist. So komplex und anspruchsvoll der dahinter stehende Gedanke sein mag – das Gesteck selbst ist denkbar einfach, wie es die Regeln einer Zen-Komposition verlangen: Die Asche der Trauer wird durch silbergraue Holzkohlestücke repräsentiert, die mit silbernem Wickeldraht zusammengebunden und in der Mitte eines quadratischen schwarzen Tabletts auf einem rechteckigen Tischchen dekoriert sind. Dem Draht kommt neben der praktischen auch ästhetische Funktion zu: Sein Silberglanz unterstreicht den Schimmer des anthrazitfarbenen Holzes. Zwischen den Kohlestücken des Scheiterhaufens lugen Gladiolen wie Hoffnungsträger hervor und blutrote Rosen künden von neu erblühter Leidenschaft. Selbstverständlich werden Sie für dieses Zen-Arrangement auch eine eigene Interpretation finden, aber mir scheint diese Thematik durch das Schwarz und Rot gut zum Ausdruck gebracht, und zum Zen-Stil bieten sich vorzugsweise zylindrische und rechteckige Formen an.

1

2

3

4

Sie brauchen:
- Holzkohle
- Schnur
- 2 quadratische schwarze Tabletts
- rechteckiges Tischchen
- Silberdraht
- Steckschwamm
- Schere
- *Gladiolus* ›Sweet Shadow‹
- *Rosa* ›Black Baccara‹

1 Die sieben längsten Holzkohlestücke mit Schnur oder Wickeldraht fest zusammenbinden. Das Bündel mittig auf ein quadratisches Tablett platzieren, das seinerseits auf einem größeren Tablett steht, und alles auf das Tischchen stellen.

2 Kürzere Holzkohlestücke um die Mittelsäule gruppieren und alles fest mit Silberdraht umwickeln. In die Zwischenräume gut durchfeuchtete Schwammstückchen stecken, die später den Blumen Halt geben.

3 Von unten nach oben arbeitend, einzelne Gladiolenblüten einfügen. Allerdings nicht zu viele verwenden, da Schlichtheit die Seele des Zen ist. Zudem müssen die Blüten klein sein, am besten noch Knospen, damit sie nicht die Suggestivkraft der Rosen beeinträchtigen.

4 Vollenden Sie das Gesteck mit den dunkelroten Rosen, die die plastische Qualität der Holzkohle unterstreichen und dem Ganzen größtmögliche Ausdruckskraft verleihen.

Licht und Schatten

Licht und Schatten scheinen eigenständig, sind jedoch in alle Ewigkeit miteinander verbunden, stellt Schatten doch nichts anderes dar als die Abwesenheit von Licht. Die Farben dieses Arrangements schaffen ein Gefühl von Trennung. Vor dunklem Hintergrund dekoriert, gewinnen weiße Flamingoblumen (Anthurium) an Leuchtkraft und der Kontrast ist frappant. Jede einzelne Blüte ist von zauberhafter Schönheit, aber gerade vor einer vertikal betonten Kulisse wirken sie in größerer Gruppe ungemein attraktiv. Flamingoblumen, die auf den Westindischen Inseln und in Mittelamerika zu Hause sind, gibt es in vielerlei Formen und Farben, sodass sich eine breite Auswahl bietet. Im Fachhandel bekommt man sie praktisch das ganze Jahr über und unter den richtigen Bedingungen sind sie ausgesprochen dankbare Schnittblumen. Wegen ihrer tropischen Herkunft mögen sie keine Kälte, bei mindestens 15 °C halten sie zwei bis drei Wochen.

Das klare Weiß dieser Flamingoblumen (Anthurium) scheint vor dem dunklen Braunanthrazit des Wandschirms regelrecht zu leuchten.

Verführerischer Granatapfel

Verlangen ist nichts anderes als ein temporärer Schatten des Verstandes.

SATORI

Blumen zur Meditation

Satori ist Erleuchtung, und diese zu erlangen ist das

höchste Ziel all derer, die *Zazen* praktizieren, die Kunst

der Meditiation. Die Suche nach Erleuchtung ist eine Reise

der Wiederentdeckungen. Der Zen-Schüler durchsucht

sein Inneres unablässig nach seiner wahren Natur.

Die Arrangements in diesem Kapitel sollen helfen, sich

zu entspannen, zu meditieren und in ruhiger Atmosphäre

Verbindung zum inneren Selbst aufzunehmen.

Erleuchtung finden

Wir meditieren, um uns von dem Verlangen nach Dingen frei zu machen, die wir für nötig erachten und die uns doch so viel Kummer und Elend bereiten. Wir suchen diese Freiheit durch Ruhe und Ausgeglichenheit. Allerdings kann uns sogar die Sprache in die Irre führen, denn wenn wir Wörter wie »suchen«, »erstreben«, »finden« und »erreichen« benutzen, erweckt dies leicht den Eindruck, Erleuchtung unterscheide sich nicht wesentlich von anderen Dingen, um die wir uns bemühen: Sind wir nur ehrlich und fleißig genug, werden wir das Gewünschte auch bekommen. Versuchen wir jedoch, dieses »Ding« zu greifen, machen wir uns nur selbst etwas vor. *Nirwana* ist nicht irgendein utopischer Zustand, in dem all unsere irdischen Sehnsüchte Erfüllung finden. Es ist vielmehr eine Geisteshaltung, die Erkenntnis, dass alles eins ist, Ganzheit und Nichts zugleich, dass der Unterschied zwischen gut und böse, heilig und säkular, *Samsara* (Wiedergeburt) und *Nirwana* (endgültige Erlösung), zwischen Buddha und einem selbst nichts ist als eine weltliche Täuschung. Diese Erkenntnis

LINKS **Die lang gestreckte Pyramidenform dieser Kupfervasen unterstreicht das bezwingende Design. Sie sind ideal für meditative Blumengestecke.**

UNTEN LINKS **Seerosen schwimmen auf einem riesigen *Curculigocapitulata*-Blatt in einer braunen Schale, deren Farbe mit den makellosen roten Blüten korrespondiert.**

ist *Kensho,* der erste Schritt auf dem Weg zur Erleuchtung. Es ist ein ungeheuer wichtiger Schritt, macht er doch Geist und Herz bereit für eine neue Erfahrung der Wirklichkeit.

Auf die Frage, was denn durch Erleuchtung zu erreichen sei, wird ein Zen-Meister vermutlich schweigen oder antworten, es gebe nichts zu erreichen. Der Fragende geht von falschen Voraussetzungen aus, er denkt wie ein Wesen, das etwas von der Welt erwartet, und erst wenn er erkennt, dass da nichts ist, nach dem es sich zu streben lohnt – weil eben alles bereits in ihm selbst enthalten ist –, hat er überhaupt etwas »erreicht«. Die Suche nach Seelenfrieden in einer Welt, die in ständigem Widerstreit liegt, ist schwierig, aber – wie alles bei Zen – zugleich auch einfach.

LINKS **Diese herrlichen eleganten Simsen** *(Scirpus tabernaemontani)* **in einem blauschwarzen Kieselbett bieten sich als perfekte Meditationshilfe an.**

Jeder Mensch kann Entspannung lernen, wenn er sich die Zeit zum Meditieren nimmt, und auch wenn diese Momente kurz und flüchtig sind, kann man sie doch zu Oasen der Ruhe und des Friedens machen. Schafft man sich selbst einen Miniatur-Zen-Garten, in dem Moos und Pflanzen, Steine, Sand und Wasser mit achtungsvoller Zuneigung behandelt werden oder betrachtet man staunend eine

schöne Blume, bis eigene Natur und die der Blume eins sind, das Herz Frieden und der Geist Ruhe gefunden hat, so hat man sich auf diese Weise frei gemacht von allen Sorgen und wird seiner innersten Gefühle gewahr. Neue Ideen werden wach, man hat sich einen Augenblick lang von allem lösen können. Solche Augenblicke bringen etwas Kreatives hervor, das die eigenen wahren Gefühle offenbart.

Scheinbarer Zufall

Die Lotosblume ist ein Grundmotiv der buddhistischen Metaphorik und gelangt in vielerlei Aspekten zum Einsatz. Ein aus einer Fläche aufragender Zweig verkörpert Buddha, und ein solches Arrangement heißt *Rikka*. Hier erscheint die Lotosblume *(Nelumbo)* in ihrer vollen Schönheit. Als Fuß dient eine große flache Schale mit aufgehäuften schwarzen Kieseln, aus denen sich majestätisch die anmutigen langen Stiele der Lotosblumen erheben. Das von diesem Arrangement reflektierte Licht präsentiert es, scheinbar zufällig, in seiner vollen Schönheit. Doch es gibt keinen Zufall. Wer etwas erschafft, nutzt alle Möglichkeiten – ob man dies nun Zufall oder Glück nennen will oder der Überzeugung ist, dass nichts ohne Sinn geschieht.

Lotosblumenblätter mit ihren sanft geschwungenen Konturen bilden eine zweite, abschließende Kranzbasis für diese wunderschönen Blüten.

Das Murmeln der Seele

Ich glaube fest daran, dass wir heute hier sind, weil wir schon früher hier waren, und dass wir wiederkommen werden. Wir treffen uns jetzt, weil wir bereits gelebt haben, und unser Zusammentreffen ist kein Zufall. Das ist das Murmeln meiner Seele, und um ein ähnliches Murmeln in einer anderen zu wecken, habe ich ein Arrangement ungewöhnlicher, geheimnisvoller Formen entworfen, die zur Kontemplation anregen. Es ist ein Miniaturgarten in einer Steinschale mit cremeweißem Hintergrund, vor dem sich die Formen klar und transparent abheben. Ein *Anthurium*-Blatt, dessen Stiel fest in einem (unter Sand verborgenen) Steckschwamm verankert ist, bildet eine horizontale Ebene. Darin stecken zwei Schlauchpflanzen *(Sarracenia)*, wundersame, befremdlich anmutende kannelierte Blumen, die nach den Sternen zu greifen scheinen. Parallel aufragend, bis sie sich im Himmel treffen, symbolisieren sie eine Begegnung zweier früherer Leben.

Dieser puristisch schlichte Miniatur-Steingarten atmet eine Stimmung, die durch beschauliche, friedvolle Ruhe zur Kontemplation einlädt.

Eine Reise in die Leere

Als der chinesische Kaiser Wu-Ti aus der Liangdynastie, ein sehr gelehrter Mann und frommer Buddhist, 520 n. Chr. hörte, dass der berühmte Bodhidharma China besuchen wollte, war er entzückt. Er lud Bodhidharma an seinen Hof, zollte ihm den Respekt, der einem großen Meister gebührt, und fragte ihn, welche Belohnung er für seine Wohltaten erwarten dürfe. Wu-Ti war ein aufgeklärter Monarch, der zweifellos viel Gutes vollbracht hatte: Er baute Schulen und Krankenhäuser, kümmerte sich um Alte und Bedürftige und gewährte buddhistischen Tempeln und Klöstern finanzielle Unterstützung. Kurz, er war das, was wir einen idealen Fürsten nennen würden. Auf seine Frage jedoch erntete er nur bedeutungsschweres Schweigen, gefolgt von der schroffen Antwort: »Keinerlei Belohnung.« Überrascht, aber noch nicht völlig entmutigt, wollte Wu-Ti daraufhin wissen, was denn der höchste Sinn des Buddhismus sei. Er wurde ebenso brüsk abgefertigt: »Keinerlei Sinn.« Schließlich, mit seiner Geduld fast am Ende, fragte Wu-Ti Bodhidharma: »Nun denn, wer ist es, der hier mit mir

spricht?« – und erhielt die Antwort: »Ich weiß es nicht.« In Ungnaden aus dem Palast entlassen, wandte Bodhidharma seine Schritte zum Bergkloster Shao-Lin und setzte sich mit gekreuzten Beinen vor eine Felswand, wo er die nächsten neun Jahre mit *Pi-Kuan* oder »Wandbeschauung« verbrachte.

Hier meine unbedeutende Huldigung an Bodhidharma, einen Mann von Prinzipien. Mein Sinnbild für seine Reise in die Leere besteht aus halb vertrockneten Blättern und Lotosblumen *(Nelumbo)* in einer asiatischen Vase aus Papier und Holz.

Getrocknete Lotosblume

Schnurball auf einer Schachtel

Die teilweise getrockneten Lotosblumen und die warmen Töne der übrigen Gegenstände erzeugen eine Atmosphäre der Ruhe.

Zeit, die Seele zu reinigen

Irgendwann ist es an der Zeit, innezuhalten und nachzusinnen, Vergangenes zu überdenken, die Gegenwart einzuschätzen und neu zu beginnen. Dieses Arrangement soll als Meditationshilfe dienen. Nach typisch japanischer Art liegt die Hauptbetonung auf zwei Geraden:

über die Mitte des rechteckigen Tisches ein *Phormium*-Blatt und, über Kreuz dazu und optische Spannung erzeugend, zwei Strelitzienblätter. Hauswurzrosetten *(Sempervivum)* setzen Akzente, eine weiße Steinschale betont das spannungsgeladene Herz der Komposition.

Eine quadratische Schale aus grauweißem Stein lenkt die Aufmerksamkeit des Betrachters auf den Brennpunkt des Arrangements. Jede der Linien, die von diesem Zentrum ausstrahlt, besitzt eigene Aussagekraft.

Geistige Ausgewogenheit

Weil bei dieser Meditationshilfe die Ruhe im Mittelpunkt steht, wird Wert auf Symmetrie gelegt. Hauswurz *(Sempervivum)* gibt es in vielen zarten Tönen; hier habe ich Dunkelgrün und ein tiefes Rot gewählt. Die Pflanzen sitzen in drei violetten Wachsschalen, in einer Geraden ent-

lang der Mittellinie des Tisches platziert. Grau-weiße Steinteller mildern das Temperament der Erdfarben. Solche Farbtöne erzeugen eine Stimmung der Ruhe, schaffen ein Ambiente, das Entspannung, geistige Versunkenheit und das Nachdenken über die Zukunft fördern.

Warme Erdtöne vor einem lichten Hintergrund setzen meditative Akzente. Dieses Arrangement ist von zarten Farben, Schlichtheit und Symmetrie geprägt.

Ein Garten der Heilung

Die Übungen des Zen basieren auf Zazen, dem Sitzen in Versenkung, bei dem unreines Gedankengut ausgetrieben und geistige Erleuchtung *(Satori)* erreicht werden soll. Jeder Pilger muss dafür seinen eigenen Weg finden, aber es ist bekannt, dass rationales Denken, so wichtig es in vielen Situationen sein mag, bei der Suche nach Satori nur von sehr beschränktem Nutzen ist, da man dieses eher auf dem Wege der Intuition findet. Inspirationen, die die Sorgen vergessen machen und dem Geist Frieden schenken, verlangen eine Verbindung mit der Wahrheit des Universums. Sie brauchen einen Spiegel für Ihre Seele. Der Zen-Garten ist das Universum im Mikrokosmos. Um sich zu befreien, müssen Sie nicht die Welt beherrschen; Sie brauchen auch kein großes Haus, ein kleiner Raum reicht vollkommen, solange das Dach dicht ist und Sie genügend Lebensmittel haben, um keinen Hunger zu leiden. In diesem Raum können Sie einen Miniatur-Zen-Garten anlegen, der Ihnen den Weg zur geistigen Befreiung ermöglicht. Erleuchtung findet man in sich selbst.

Sie brauchen:
- 4 quadratische schwarze Schieferplatten
- weiße Kiesel
- kleine graue Kiesel
- 3 Steine
- Schere
- Moospolster
- Esskastanien in ihrer stacheligen Hülle

1

2

1   Die vier Schieferplatten herrichten und zu einem großen Quadrat aneinander legen.

2   Weiße Kiesel darauf verteilen und zu einer Insel formen.

3   Drei sorgfältig ausgewählte Steine an strategische Punkte der »Insel« legen. Ihre Platzierung spielt eine sehr wesentliche Rolle, da von dem Abstand zwischen ihnen abhängt, ob das Arrangement unruhig wirkt oder eben das erforderliche Gefühl von Ausgewogenheit hervorruft. Selbst eine solch simple Aufgabe verlangt ästhetisches Fingerspitzengefühl.

4   Nun einige Moospolster an die Steine legen und ein paar Kastanien hinzufügen, die die Vegetation verkörpern. Zuletzt neben einem der Steine ein paar kleine graue Kiesel anhäufen. Nun reicht ein wenig Fantasie, und die Elemente des Universums stehen zur Kontemplation bereit.

3

4

Im Wald des Bewusstseins

Selbst wenn der Wald des Bewusstseins zu Asche verbrannt ist, weil man etwas Schlimmes erlebt und den Glauben und alle Zuversicht verloren hat, wird sich bald neues Leben regen. Der Geist besitzt erstaunliche Widerstandskraft und Menschen überstehen weitaus mehr, als man gemeinhin für möglich hält. Dieses Arrangement feiert all jene, die es geschafft haben, unbeschreibliches Leid zu überleben. Der niedergebrannte Wald wird von einem Stapel Holzkohle verkörpert, die Wiedergeburt der Hoffnung durch eine wunderschöne cremeweiße Dahlie. Weil das Holz horizontal gelagert ist und ich nur den Blütenkopf der Dahlie zeigen wollte, wurde ein senkrechtes Element nötig. Dazu wählte ich eine moderne Frauenplastik, die den Geist guter Absicht verkörpert. Wie ein Phönix erhebt sie sich aus der Asche der Verzweiflung und vollführt eine heilende Geste.

Ein Hintergrund in der Farbe des klaren Himmels bildet die perfekte Kulisse für diese Kombination von Formen und Farben.

Reifes Schweigen

Versuchen Sie nicht, dieses oder jenes zu tun.

Es ist so, wie es ist; lassen Sie es geschehen.

Meine täglichen Arbeiten haben sich nicht gewandelt,

doch befinde ich mich nunmehr im Einklang mit ihnen.

Ich gebe nichts, verweigere nichts,

ganz gleich unter welchen Umständen,

nichts hindert, nichts widerstrebt …

Wasser schöpfen, Brennholz sammeln,

welch übernatürliche Kraft solchen Tätigkeiten innewohnt.

(Zen-Philosophie)

Glossar

Bana Blume

Bassara Neuheit, Neuigkeit, Innovation

Bi Schönheit

Bodhimanda der heilige Ort, an dem Shakyamuni Buddha Erleuchtung erlangte

Buddha der Erwachte, der Erleuchtete (Siddhartha Guatama wurde die höchste Wahrheit offenbar, woraufhin man ihn Buddha nannte); Ehrentitel des Begründers des Buddhismus; jeder, der zum Licht der Erkenntnis erwacht ist

Buddha-Natur das eigentliche Wesen des Selbst; universelle Natur; die wahre Natur des Seienden

Chozubachi Natursteinbecken für rituelle Handwaschungen

Dō Weg (allg. Weg in der Nachfolge Buddhas)

Esoterischer Buddhismus eine aus China eingeführte tantrische Form des Buddhismus (Shigon-Schule, gegründet vom Mönch Kukai (774–835) mit dem Ehrennamen Kōtō Daishi)

Haiku derzeiliges 17-silbiges Gedicht

Hakkai die acht rauen Meere

Ikebana die japanische Kunst des Blumensteckens

Iki Eleganz, Finesse

Kami die der Natur innewohnenden Götter des Shintoismus

Kensho Selbst-Wesenschau (Ausdruck des Zen für die Erfahrung des Erwachsens, als der erste Schritt auf dem Weg zur vollkommenen Erleuchtung)

Ketsu Schlussfolgerung

Ki Einführung; das Wirken

Koan philosophisches Rätsel, jenseits des Denkens (wörtl.: öffentlicher Aushang)

La Erlangen, Erreichen, Fertigkeit

Ma Entfernung, Distanz

Manda Wesen, Kern, Substanz, Quintessenz

Mandala grafische Meditationshilfe

Mandara japanische Version des Mandala

Mantras religiöse Formeln (Silben, Worte oder Sätze, die im Sprecher oder nach außen eine bestimmte Wirkung zeitigen)

Manyoshu Anthologoie früher Gedichte (8. Jahrhundert)

Mu Nichts (das berühmte Kōan-Mu)

Mudras magisch-symbolische Gesten

Mushin Nicht-Bewusstsein; Zustand geistiger Leere, wie man ihn durch Meditation erreicht; Zustand völliger Natürlichkeit und Freiheit von dualistischem Denken

Nageire freier Stil des Blumenarrangements

Nirvana Erlösung aus dem Kreislauf der Wiedergeburten (wörtl.: Verlöschen, Eingehen in eine andere Existenzweise)

No Theater (begründet von Ze-ami (1363–1443), das vom Geist des Zen durchdrungen ist)

Rikka klassisches »stehendes« Blumenarrangement (symbolisiert die Naturlandschaft durch sieben oder neun Pflanzenstiele)

Rinzai-Schule von Eisai (1141–1215) in Japan eingeführte Schule des Zen-Buddhismus

Sabi die Schönheit des Alters

Sake aus Reis hergestelltes alkoholisches Getränk

Samsara der endlose Kreislauf von Tod und Wiedergeburt

Satori Erfahrung des Erwachens (Erleuchtung; wörtl. abgeleitet vom Verb satoru = erkennen)

Sei Unbewegtheit, Stille, Ruhe

Seiden traditionelles chinesisches System der Landeinteilung

Seika (= Shoka) das Arrangement von Schnittblumen »wie gewachsen«

Sengyokukan eine Landschaft, die besonders schön im Herbst zur Geltung kommt

Shintoismus Urreligion Japans, vorbuddhistische japanische Naturreligion (wörtl.: Weg der Götter)

Sho Wesen, Naturell, Natur Entwicklung (siehe Kenshō: Selbst-Wesenschau)

Soto-Schule von Dogen (1200–53) in Japan eingeführte Schule des Zen-Buddhismus

Sukyia dem Teehaus abgeleitete reduzierte Form der Wohnhausarchitektur

Tatami Seegrasmatte

Ten Wendung

Tokonoma Kunstnische oder Hausaltar

Tsukubai Becken für rituelle Waschungen im Teeraum

Wabi Ästhetik der Schlichtheit; weniger ist besser

Wabi Sabi die stille Schönheit und Würde des Alters

Zazen Meditationsübung des Zen (wörtl.: Sitzen in Versunkenheit)

Adressen

Harumi Nishi kann erreicht werden in der
Lilies-of-the-Valley Flower School/Flower Shop

Osaka, Japan
Kyoritsu Building 4F 1-16-17
Higashishinsaibashi Chuo-ku
Osaka 542-0083 Japan
Telefon/Fax 0081.6.6243 0023

Nagoya, Japan
405 Eguchi-Haitsu 5-13-27
Sakae Naka-ku Nagoya-shi
Aichi 460 0008 Japan
Telefon 0081.52.251 0043

http://www.hnflowers.com
email info@hnflowers.com

Ikebana-Bundesverband e. V.
Nordendstrasse 6
64546 Mörfelden-Walldorf
Frau Hildegard Preisendörfer
Telefon 06105.5790

Ikenobo-Ikebnan-Gesellschaft
in Deutschland e. V.
Irminsulstrasse 18
81476 München

Ikebana-Studio
Ilka Leibing
Moorgrund 2
22846 Norderstedt

Verkauf von Ikebana-Zubehör und Kurse

Seikei Sachiko Oishi-Hess
Luitpoldstrasse 17
89231 Neu-Ulm

*Professorin der Ikenobo Universität, Kyoto
Kurse in Deutschland und Österreich*

Fuji Hana
Ikebana Zubehör
11, Rue des Champs
F-68420 Hattstatt

www.ikebana-fuji-hana.com

oder

Fuji Hana
Ikebana Zubehör
Kessenicher Straße 170
53129 Bonn

Register

Dank

Danksagung der Autorin

Besonderer Dank geht an meine Lektorin Caroline Davison für ihre Hilfe und Unterstützung bei diesem Projekt. Dasselbe gilt für die Fotografen James Mitchell und Norio Asai, die diese unwahrscheinlich schönen Aufnahmen machten und dabei unglaubliche Geduld bewiesen. Herzlichen Dank schulde ich auch Juliana Leite-Goad.

Viel verdanke ich J. M. François, der meine Gedankengänge interpretierte und über weite Textpassagen hinweg mein Englisch aufbesserte; Dank weiterhin Alyn Bailey für seinen unschätzbaren Rat und die wertvollen Hinweise für den Einleitungsteil sowie Alan Higgs, der meinen beruflichen Werdegang unterstützte.

Natürlich möchte ich darüber hinaus auch meinen besten Freunden und Kollegen aufrichtigen Dank aussprechen: Hiromi Wada, Kinuyo Matsumoto, Masayo Yamada, Hideko Isaka, Hiromi Nakao, Yuko Nakatani, Mineko Nishida, Naoko Sakai, Eri Matsushima, Kazuno Yamada, Sumiko Baba und Ayako Watanabe.

Dank schulde ich zudem gkn.net und ihrem Global Privat Network.

Last but mit Sicherheit not least sei meine Familie erwähnt, der ich zu unendlichem Dank verpflichtet bin.

Danksagung des Verlags

Der Verlag dankt den folgenden japanischen Institutionen, die es erlaubten, dass wir auf ihrem Gelände fotografierten: Tofuki-ji; Ryoan-ji; Mijako (Keage Sanjo, Kyoto 605-0052, Japan); Kaihohen; S x L Corporation; Tsuki no Hana; Soushuen; Sakura-ya; Arakawa.

Der Dank des Verlags gilt auch den folgenden, die Accessoires und Möbel für die Aufnahmen zur Verfügung stellten: Aero, Arc Gallery, Benetton Paints, C. X. V. Furniture, The Conran Shop, David Wainwright, Function Design, Gong, Kara Kara, Michael Reeves Interiors, Ming Mang, Muji, Neal Street East, Opium, Snap Dragon und Twelve.

Sämtliche Fotografien in diesem Buch stammen von James Mitchell, mit Ausnahme der folgenden (l = links; r = rechts, o = oben, u = unten):

Norio Asai: 30 (links), 31 (beide); 32 f. (alle); 34 f. (alle; 36 f. (alle); 40; 44 f. (alle); 46 f. (alle); 54; 55; 82; 87 (ul); 114, 142 (ul); 143, 144; 153; 158 (ul). Harumi Nishi: 10 f; 30 (rechts); 41; 69; 72 (ur); 75, 78; 83; 88; 96; 97; 100 (beide); 110; 111; 115 (o); 125; 128 (or); 129 (beide); 142 (or); 156 (ul); 160.

Bitte beachten Sie auch die folgenden Titel aus dem Christian Verlag:

Ou Baholyodhin

ZEN-WOHNSTIL MIT BLUMEN

Dieses Buch handelt von der Freude, mit Blumen zu leben, und von den vielseitigen Möglichkeiten, das eigene Zuhause – sei es modern oder klassisch eingerichtet – floral zu schmücken. Der Autor, ein junger, multikulturell gebildeter Londoner Designer, beschreibt die Ausstrahlungskraft und den Symbolgehalt der verschiedenen Pflanzen und veranschaulicht an ausgewählten Beispielen, welche Stimmungen oder Wirkungen sie für die Wohnatmosphäre zu erzielen vermögen. Mehr als 200 Bilder zeigen superbe Arrangements in den unterschiedlichsten Wohnsituationen.

208 Seiten mit 200 Farbfotos sowie Kultur- und Pflegehinweisen für die im Buch vorgestellten Pflanzen.

Romy Rawlings

HARMONIE UND WOHLBEFINDEN AUS DEM GARTEN
Aromatherapie, Feng Shui, Ganzheitliches Gärtnern, Kräuterheilkunde, Farbtherapie, Meditation.

Mit Hilfe dieses Buches lässt sich verwirklichen, was wir uns alle wünschen: ein schöner Garten, der unsere Sinne anspricht und wohltuende, heilende Kräfte besitzt. Die Autorin zeigt, wie man ganzheitliche Methoden und alternative Therapien bei der Gestaltung des eigenen Gartens so berücksichtigt und einbezieht, dass dieser ein Refugium für Körper und Geist wird, in dem man neue Energien schöpfen und sich regenerieren kann.

176 Seiten mit 91 Farbfotos und 5 farbigen Illustrationen.

Toby und Will Musgrave, Chris Gardner

PFLANZENSAMMLER UND -ENTDECKER
200 Jahre abenteuerliche Expeditionen. Mit 66 Pflanzenporträts.

Ohne den Mut und die Pionierarbeit der Pflanzensammler wären unsere Gärten um ein Stück ärmer. Das Buch zeichnet die Reisen von 10 Pflanzenjägern nach – von Sir Joseph Banks, der Captain Cook auf der Endeavour begleitete, bis Joseph Dalton Hooker, dem wir die Entdeckung zahlreicher Rhododendron-Arten verdanken. Es ist eine spannende Lektüre und bietet allen Pflanzennarren darüber hinaus 66 Porträts von den damals eingeführten Pflanzen.

224 Seiten mit 46 Farbfotos, 13 historischen Schwarzweißfotos, 16 Stichen und 10 Landkarten.

Tony Lord

GÄRTEN VOLLER ROSEN
Gestaltung, Sortenauswahl, Kultur & Pflege

Ob Strauch- oder Kletterrose, Historische Rose, Englische Rose oder neuere Züchtungen – ihre Sortenvielfalt und ihre Verwendungsmöglichkeiten im Garten sind unendlich. Tony Lord stellt die jeweils besten Rosen für die verschiedensten Gartensituationen vor. Gestaltungsideen und Tipps von erfahrenen Gartendesignern, Vorschläge für passende Begleitpflanzen, Pflege- und Kulturhinweise von anerkannten Rosenexperten und eine übersichtliche Auflistung von über 500 Rosen helfen bei der Gestaltung des eigenen Gartens mit den vielen bezaubernden Lieblingsrosen.

192 Seiten mit 100 Farbfotos.

Beata Thackeray

PAPIER
Handschöpfen, Gestalten, Objekte & Skulpturen

Nach traditionellen Methoden geschöpftes Papier hat einen unvergleichlich individuellen Charakter und strahlt eine nur ihm eigene Sinnlichkeit aus. Dieses Buch vermittelt schrittweise das Wissen und das praktische Know-how dieses uralten Handwerks. Es stellt (für Anfänger, Fortgeschrittene und Könner) die Techniken des Papier Schöpfens jeweils mit detaillierten Anleitungen und Phasenfotos vor. Außerdem demonstriert es die vielfältigen Gestaltungsmöglichkeiten von Papier – vom Prägen, Falten, Weben, Marmorieren über Dekorationstechniken wie Bindebatik und Holzschnitt bis zur Schaffung von Objekten und Skulpturen.

160 Seiten mit 245 Farbfotos.